Schriftenreihe „Operational Excellence"

Herausgegeben von Prof. Dr. Constantin May, Hochschule Ansbach

Bisher in dieser Reihe erschienen:

Nr. 1: May, C.; Schimek, P.: Total Productive Management. Grundlagen und Einführung von TPM - oder wie Sie Operational Excellence erreichen, 2. überarbeitete und ergänzte Auflage, Ansbach 2009.
ISBN: 9-783940-775-05-4

Nr. 2: De Groot, M.; Teeuwen, B.; Tielemans, M.: KVP im Team. Zielgerichtete betriebliche Verbesserungen mit Small Group Activity (SGA), Ansbach 2008.
ISBN: 9-783940-775-01-6

Nr. 3: Blom: Schnellrüsten: Auf dem Weg zur verlustfreien Produktion mit Single Minute Exchange of Die (SMED), Ansbach 2007.
ISBN: 9-783940-775-02-3

Nr. 4: Glahn, R.: World Class Processes - Rendite steigern durch innovatives Verbesserungsmanagement – oder wie Sie gemeinsam mit Ihren Mitarbeitern betriebliche Prozesse auf Weltklasseniveau erreichen, 2. durchgesehene Auflage, Ansbach 2010.
ISBN: 9-783940-775-03-0

Nr. 5: Koch, A.: OEE für das Produktionsteam. Das vollständige OEE-Benutzerhandbuch – oder wie Sie die verborgene Maschine entdecken, 2. korrigierte Auflage, Ansbach 2011.
ISBN: 9-783940-775-04-7

Nr. 6: Glahn, R.: Effiziente Büros – Effiziente Produktion. In drei Schritten zu exzellenten Abläufen im gesamten Unternehmen. Antworten auf die wichtigsten Fragen zum nachhaltigen Erfolg, Ansbach 2010.
ISBN: 9-783940-775-06-1

Nr. 7: Glahn, R.: Moderation und Begleitung kontinuierlicher Verbesserung. Ein Handbuch für KVP-Moderatoren, Ansbach 2011.
ISBN: 9-783940-775-07-8

Nr. 8: Teeuwen, B.; Schaller, C.: 5S. Die Erfolgsmethode zur Arbeitsplatzorganisation, Ansbach 2011.
ISBN: 9-783940-775-08-5

Nr. 9: Teeuwen, B.: Lean Management im öffentlichen Sektor. Bürgernähe steigern – Bürokratie abbauen – Verschwendung beseitigen, Ansbach 2011.
ISBN: 9-783940-775-09-2

Nr. 10: Klevers, T.: Agile Prozesse mit Wertstrom-Management. Ein Handbuch für Praktiker. Bestände abbauen – Durchlaufzeiten senken – Flexibler reagieren, Ansbach 2012
ISBN: 9-783940-775-10-8

**Agile Prozesse mit Wertstrom-Management.
Ein Handbuch für Praktiker**
Bestände abbauen – Durchlaufzeiten senken – Flexibler reagieren

von Thomas Klevers

CETPM Publishing, Ansbach

ISBN: 9-783940-775-10-8
Copyright ©2012
CETPM Publishing, Hochschule Ansbach, Residenzstraße 8, D-91522 Ansbach
http://www.cetpm-publishing.de

Druckaufbereitung: Rainer Imschloß
Druck und Bindung: SOMMER media GmbH & Co. KG, Feuchtwangen

Alle Rechte vorbehalten.
Dieses Werk einschließlich aller seiner Teile ist urheberrechtlich geschützt. Jede Verwertung außerhalb der Grenzen des Urheberrechtsgesetzes ist ohne Zustimmung des Verlages unzulässig und strafbar. Das gilt insbesondere für Vervielfältigungen, Übersetzungen, Mikroverfilmungen und die Einspeicherung und Verarbeitung in elektronischen Systemen. Die Wiedergabe von Gebrauchsnamen, Handelsnamen, Warenbezeichnungen usw. in diesem Werk berechtigt auch ohne besondere Kennzeichnung nicht zu der Annahme, dass solche Namen im Sinne der Warenzeichen- und Markenschutzgesetzgebung als frei zu betrachten wären und daher von jedermann benutzt werden dürften.

Inhaltsverzeichnis

Geleitwort		7
1.	Einführung	9
2.	Mehr Wettbewerbsfähigkeit durch weniger Verschwendung	11
2.1	Effizienz und Flexibilität – aber ohne Komplexität	11
2.2	Verschwendung im Prozessablauf	16
2.2.1	Überproduktion und zu frühe Produktion	17
2.2.2	Wartezeit	18
2.2.3	Lager und Bestand	20
2.2.4	Überflüssiger Transport	20
2.2.5	Ungenügende Prozessgestaltung	21
2.2.6	Unnötige Prozessschritte	22
2.2.7	Herstellung fehlerhafter Produkte	22
2.3.	Wertschöpfend, nicht wertschöpfend und unterstützend	23
2.4	Bestände sind sichtbare Verschwendung	24
3.	Verschwendung reduzieren mit Wertstrom-Management	27
3.1	Die Produktion ganzheitlich betrachten	27
3.2	Zunächst das Ist, dann die Vision	29
4.	Wertstrom-Mapping: Werkzeug zur schnellen Analyse	33
4.1	Der Diagramm-Aufbau	33
4.2	Prozesse und ihre Parameter	37
4.3	Materialfluss: Unterschiedliche Formen	48
4.4	Bestände: Momentaufnahme oder Dauerzustand?	51
4.5	Steuerung und Informationsfluss	54
4.6	Kennwerte und Zahlen	58
4.7	Wertstrom-Analyse heißt „sehen lernen"	60
4.8	Beispiele für Mappings	63
4.9	Mapping bei einer variantenreichen Produktion	68
4.10	Weitere besondere Fälle beim Mapping	70
4.11	Verschwendung ermitteln: Kaizen-Blitze als letzter Schritt des Mappings	72
5.	Wertstrom-Design: Vom Ist zum Soll	75
5.1	Leitlinien für den Weg vom Ist zum Soll	75
5.2	Grundlegende Gedankenansätze und Gestaltungsbereiche	78

5.3	Kontinuierlicher Fluss als Ziel	80
5.4	Der Kundentakt bestimmt die Auslegung	86
5.5	Wege zu einem kontinuierlichen Fluss	89
5.6	Der Schrittmacherprozess	94
5.7	Die Kopplung verschiedener Prozessketten	96
5.8	Selbststeuernde Regelkreise vereinfachen die Steuerung	107
5.9	Durch kleine Losgrößen die Flexibilität erhöhen	111
5.10	Planung und Steuerung der Fertigung	122
5.11	Technik wertstromgerecht gestalten	127
5.12	Vom Ist über die Vision zum Soll	129
5.13	Nach dem Soll-Konzept der Wertstromjahresplan	135
5.14	Kennzahlen zur Erfolgsmessung	135
6.	**Wertstromdesign in ausgewählten besonderen Anwendungsbereichen**	**139**
6.1	Auftragsabwicklung und planende Bereiche	139
6.2	Logistische Prozesse schlank organisieren	151
7.	**Umsetzung der gefundenen Lösung**	**155**
7.1	Veränderungen erfordern Aufmerksamkeit	155
7.2	Keine Umsetzung ohne Projektorganisation	158
7.3	Das „Ganzheitliche Produktionssystem" im Visier	160
8.	**Fallbeispiele**	**163**
8.1	Herstellung von Türen	163
8.2	Kabelproduktion	171
9.	**Anhang**	**185**
9.1	Wertstrom-Symbole	185
9.2	Formular zur Prozesserfassung	186
9.3	Wertstromjahresplan	187
9.4	Checkliste Mapping	188
9.5	Operator Balance Chart	189

Danksagung **197**

Stichwortverzeichnis **199**

Geleitwort

Ein Unternehmen muss agil sein – so lautet die Anforderung in Zeiten der Unsicherheit und der schnellen Veränderung. Weder Kundenwünsche von morgen noch die Entwicklung der Rahmenbedingungen an den globalen Märkten sind zuverlässig vorhersagbar. Also heißt es: Wertschöpfung nicht statisch planen sondern agil bleiben, um auf jede Veränderung des Umfelds unverzüglich reagieren zu können. Dazu bedarf es eines transparenten Produktionssystems, das die gesamte Wertschöpfungskette ganzheitlich betrachtet. Hierzu ist Wertstrom-Management das Mittel der Wahl.

Wertstrom-Management und dessen Bausteine Wertstrom-Mapping und Wertstrom-Design sind grundlegende Werkzeuge, um der Vision eines schlanken Unternehmens näherzukommen. In diesem Buch werden Ansätze und Möglichkeiten des Wertstrom-Management dargestellt und detailliert erläutert. Der Autor beschäftigt sich seit vielen Jahren mit diesem Thema und hat seine Erfahrungen aus der Durchführung unzähliger Projekte bei unterschiedlichsten Unternehmen in diese Ausarbeitung mit einfließen lassen. Dieses Grundlagenwerk beleuchtet die vielfältigen Aspekte der Wertstrommethode. Es soll in erster Linie Praktikern helfen, die Methode erfolgreich anzuwenden und dadurch Verschwendung signifikant zu reduzieren und somit die Wettbewerbsfähigkeit ihrer Unternehmen zu steigern.

Mit dem Basiswissen über die Methode haben Produktionsverantwortliche das Rüstzeug, um Veränderungen in Richtung „Agiles Unternehmen" anzustoßen. Wichtig ist, dass alle Beteiligten wissen worum es geht, und dass sie durch Qualifizierungsmaßnahmen das nötige Basiswissen erhalten. Bewährt hat sich in der Praxis das „Lernen durch Tun" – entweder in Workshops direkt im Unternehmen oder in einer Lehrfabrik. Ein Workshop im Unternehmen bringt meist einen direkten Nutzen, wenn ein konkretes Verbesserungsprojekt Gegenstand der Schulungsmaßnahme ist. Die Lehrfabrik bietet den Vorteil, dass ein überschaubarer Produktionsprozess simuliert wird und die Auswirkungen der Maßnahmen als Ganzes sichtbar sind. Die Teilnehmer verlassen ihr tägliches Umfeld und betrachten die Dinge aus einem anderen Blickwinkel.

Das Handbuch „Agile Prozesse mit Wertstrom-Management" ist ein idealer Begleiter für die Praxis – zur Vorbereitung und Durchführung von Wertstromprojekten und als Nachschlagewerk.

Egal, wie Sie sich dem Thema Wertstrom nähern – wichtig ist, dass Sie es tun, Ihre Mitarbeiter und Kollegen mitnehmen und dass Sie unverdrossen an der Optimierung der Prozesse arbeiten. Ich wünsche Ihnen wertvolle Erkenntnisse bei der Lektüre dieses Werkes und viel Erfolg beim Anwenden der Wertstrom-Methode.

Prof. Dr. Constantin May
Managing Director des CETPM der Hochschule Ansbach

1. Einführung

Der Forderung nach effizient organisierten Abläufen kann sich kein Unternehmen entziehen. Der Druck wächst durch Globalisierung und den daraus resultierenden verstärkten Wettbewerb. Es geht darum, Herstellkosten zu reduzieren, Durchlaufzeiten zu senken, Losgrößen zu verkleinern, flexibler zu werden und schneller auf Veränderungen am Markt zu reagieren. Viele Unternehmen suchten in den vergangenen Jahren Ansätze zur Optimierung und setzten diese mehr oder weniger erfolgreich um. Effizient zu organisieren gelingt nur, wenn nicht nur die Symptome behandelt werden. Es gilt, die Ursachen für ineffiziente Abläufe herauszufinden und diese systematisch zu beseitigen. Zur nachhaltig wirksamen Optimierung von Abläufen ist die Beschäftigung mit folgenden Fragen erforderlich: Wo verschwenden wir Ressourcen? Wie können wir die Ursachen für diese Verschwendung beseitigen? Dies setzt voraus, dass man sich darüber im Klaren ist, was denn ineffiziente Abläufe und Verschwendung eigentlich sind.

Verschwendung beseitigen

Mit diesen Fragen beschäftigen sich seit den fünfziger Jahren Mitarbeiter und Mitarbeiterinnen bei dem japanischen Automobilhersteller Toyota. Sie haben nach neuen Wegen gesucht, um die in der westlichen Welt so beliebte tayloristische Arbeitsteilung zu verändern und Strukturen zu schaffen, die eine nachhaltige Reduzierung von Verschwendung ermöglichen. Ausgehend von der Forderung nach Flexibilität, Effizienz und dem Streben nach dauernder Verbesserung entwickelten sie die Philosophie der schlanken Produktion. Ein wesentlicher Grundpfeiler dieser „Lean Production" ist dabei die Überzeugung, dass alle Aktivitäten in einem Unternehmen in einem Zusammenhang stehen. Tätigkeiten in der Fertigung, Materialtransport und Steuerung, Vertriebs- und Entwicklungstätigkeiten und andere Faktoren beeinflussen sich gegenseitig. Eine dauerhaft wirksame Verbesserung kann nur erreicht werden, wenn diese Zusammenhänge erkannt und berücksichtigt werden. Verbesserung bedeutet, dass Ressourcen effizient eingesetzt werden und dass im Laufe der Prozesskette eine kontinuierliche Steigerung der Wertschöpfung erfolgt. Unter Ressourcen werden dabei alle eingesetzten Mittel verstanden, also Material, Maschinen, Personal, Platz und auch Finanzmittel in jeglicher Form.

Zusammenhänge erkennen, Ursachen finden

Kontinuierliche Wertsteigerung erreichen

Die Lean-Philosophie unterteilt Aktivitäten in einem Unternehmen in wertschöpfende und nicht wertschöpfende Tätigkeiten. Eine kontinuierliche Reduzierung des Anteils der nicht wertschöpfenden Tätigkeiten soll dazu führen, dass Ressourcen effizienter eingesetzt werden und somit eine nachhaltige Verbesserung erreicht wird. Diese kontinuierliche Reduzierung der nicht wertschöpfenden Tätigkeiten geschieht nicht nach dem Zufallsprinzip, sondern sie folgt einem Denkschema der Lean-Philosophie. Ein Grundsatz lautet, dass alle Prozesse sich danach ausrichten müssen, dass ein kontinuierlicher Strom der Wertschöpfung, ein „Wertstrom", erreicht wird. So sind zum Beispiel Wartezeiten in einer Prozesskette Verschwendung – egal, ob damit das Warten auf Material, das Warten auf Weiterverarbeitung, das Warten auf Informationen oder die Einlagerung von fertigen Teilen und das Warten auf eine Auslieferung gemeint ist.

Wertstrommethode als Kernbaustein

Basierend auf den Grundsätzen der Lean-Philosophie und der damit verbundenen Definition von Verschwendung hat man methodische Ansätze entwickelt, um Verschwendung zu ermitteln und zu reduzieren. Der Kern des Lean-Methoden-Baukastens ist Wertstrom-Management. Damit ist es möglich, Verschwendung, und vor allem ihre Ursachen, zu erkennen und Möglichkeiten zu ihrer Reduzierung zu erarbeiten. Zusammenhänge zwischen Tätigkeiten und Einflussgrößen werden klar ersichtlich. Mit diesen Informationen lassen sich Verbesserungen wirksam und nachhaltig erzielen.

Handbuch für Praktiker

In diesem Buch werden die Ansätze und Möglichkeiten des Wertstrom-Management dargestellt und detailliert erläutert. Jahrelange Beschäftigung mit diesem Thema und die Erfahrungen aus der Durchführung unzähliger Projekte bei verschiedensten Kunden und in unterschiedlichen Branchen sind in diese Ausarbeitung eingeflossen. Das Buch ist ein Hilfsmittel für Praktiker, die diese Methode gezielt einsetzen wollen, um Verschwendung zu erkennen und signifikant zu reduzieren.

2. Mehr Wettbewerbsfähigkeit durch weniger Verschwendung

2.1 Effizienz und Flexibilität – aber ohne Komplexität

Alles wird genau geplant

Mit viel Aufwand wird in den meisten Betrieben versucht, die Abläufe in der Produktion genau zu steuern und zu regeln. Eingehende Aufträge werden anhand ihrer Liefertermine, der Verfügbarkeit von Material und der benötigten Maschinen in eine Reihenfolge gebracht und die einzelnen Fertigungs- und Montageschritte genau geplant. Dazu stehen komplexe Programme zur Verfügung, mit deren Hilfe die Vorgaben für die Fertigungs- und Montageprozesse errechnet werden. Das Ergebnis sind Arbeitspapiere, die dann „nur noch abgearbeitet werden müssen". So sollte eigentlich alles klar sein; und das EDV-System gibt Liefertermin und Arbeitsvorgaben aus.

Abläufe sind tatsächlich anders

Doch die Wirklichkeit sieht anders aus: Wenn man durch Produktionsbetriebe geht und sich Arbeitspapiere anschaut, dann sind diese oft gar nicht aktuell: Die angegebenen Termine sind längst verstrichen – oder sie liegen in der Zukunft, und das entsprechende Teil wartet auf die Weiterverarbeitung. Die angegebenen Arbeitszeiten sind nicht genau: Weder die Bearbeitungszeiten stimmen, noch sind Rüstzeiten korrekt berücksichtigt, Teile zur Montage fehlen, die restliche Baugruppe wartet und blockiert den dringend benötigten Platz. Materialien sind nicht rechtzeitig verfügbar, und die Bearbeitung kann nicht begonnen werden. Die Maschine steht nicht zur Verfügung, da sie eine Störung hat. Der schön ausgearbeitete Plan kann nicht ausgeführt werden, kommt ins Stocken – und die Mitarbeiter und Mitarbeiterinnen müssen improvisieren. Der Bedarf ändert sich, Eilaufträge schießen dazwischen – und wieder wird manuell improvisiert und umorganisiert. Das Ergebnis ist dann in der Fertigung sichtbar: Stapelweise Kisten, die vor einer Maschine warten, Stillstände durch ganze Prozessketten hindurch und Aufträge, die trotz bester Planung nicht termingerecht ausgeliefert werden.

Um diese Störungen zu beherrschen, wurden unter anderem Rückmeldesysteme installiert, die der Planung die Verfügbarkeit der Ressourcen und vor allem den genauen Stand der Abarbeitung melden sollen. Nur – ist der Fertigungsauftrag einmal erstellt, wird er in der Regel nicht mehr korrigiert. Man weiß ja gar nicht, wo sich die Teile gerade befinden, und man müsste diese suchen gehen. In Einzelfällen passiert das, aber in der Regel erscheint der Aufwand zu groß. „Die da unten (=Produktion) regeln das ja schon" – so die Begründung.

Prozessketten sind oft zu lang

Beispiel: Staubsaugerproduktion

Erschwerend kommt hinzu, dass viele Prozessketten, die geplant werden, sehr lang oder komplex sind. So umfasst beispielsweise die Herstellung eines Staubsaugers eine Vielzahl verschiedener Baugruppen, die aus unterschiedlichen Fertigungsbereichen oder -technologien kommen. Der Aufwand für eine zuverlässige a-priori-Planung ist enorm, und dennoch ist immer wieder erneutes manuelles Eingreifen und Improvisieren notwendig.

Einzelne Prozesse in einer Kette unterliegen oftmals verschiedenen Einflussgrößen, die anfangs gar nicht bestimmbar sind.

Beispiel: Gießerei

Ein Beispiel: Die Planung der gesamten Prozesskette bei einer Feingießerei in der klassischen dispositiven und vorwärts gerichteten Form kann gar nicht erfolgreich sein, da der in der Mitte liegende Gießprozess anderen Planungsgeboten gehorcht als die davor und dahinter liegenden Prozessschritte. Hier wird die Reihenfolge der Auftragsbearbeitung anhand der jeweiligen Zusammensetzung ihrer Legierungen zusammengestellt, während in den übrigen Prozessschritten Liefertermin oder Größe die bestimmenden Parameter sind.

Festhalten an großen Fertigungslosen

Dennoch hat sich der Glaube daran, dass eine Produktion dann wirtschaftlich ist, wenn man nur genau genug plant, bis heute gehalten. Das gilt auch für den Glauben daran, dass nur eine große Losgröße wirtschaftlich ist. Die Auslastung einer Maschine wurde zum Maß für die Wirtschaftlichkeit – je höher die Auslastung, desto besser die Wirtschaftlichkeit. Um eine möglichst hohe Auslastung zu erreichen, werden Aufträge über gleiche Teile, die ohne Umrüsten über die gleichen Maschinen laufen können, zu großen Fertigungslosen zusammengefasst.

Und dann kommt die Forderung nach mehr Effizienz. Oder nach kürzeren Lieferzeiten. Man versucht, die Abläufe noch genauer zu planen – aber ändert nichts an den eigentlichen Ursachen für die Schwierigkeiten. Schaut man sich beispielsweise bei Unter-

Rüstzeiten sind ungenau und zu lang

nehmen Rüstzeiten an, so stellt man erschreckende Abweichungen bei gleichen Rüstvorgängen fest – je nach Mitarbeiter oder Schichtzeit weichen die benötigten Zeiten erheblich voneinander ab. Sie stimmen in der Regel nicht mit den hinterlegten und für die Planung genutzten Zeiten überein. Die für die Auftragsbearbeitung zur Verfügung stehende Maschinenzeit variiert und ist nicht konstant. Gleichzeitig wird mit REFA-Methoden die persönliche Arbeitszeit der Mitarbeiter sekundengenau erfasst und analysiert. Der erste Schritt müsste jedoch sein, die Ausfallzeit der Maschinen durch geeignete Maßnahmen zu stabilisieren (und dann zu reduzieren). Wird die Rüstzeit reduziert, kann man häufiger rüsten – und somit die Losgrößen reduzieren (auf dieses Thema wird später noch genauer eingegangen).

Flexibilität als Herausforderung

In den letzten Jahren ist noch eine weitere Herausforderung hinzugekommen: Der Wunsch nach mehr Flexibilität. Kunden möchten heutzutage möglichst spät bestellen und legen sich mit der genauen Auslegung der Produkte erst spät fest. Märkte können sich schnell verschieben und trotz komplexer Prognoseprogramme anders entwickeln als geplant. Das gilt für technische Produkte genauso wie für Konsumgüter, für die das sicherlich einleuchtender ist.

Beispiel: Kinderschuhe

Nehmen wir das Beispiel Kinderschuhe: Auf der einen Seite müssen zu Beginn einer Saison genügend Schuhe beim Händler im Regal stehen, andererseits ergeben sich das Kaufverhalten und die Vorlieben für bestimmte Modelle erst in den ersten Wochen einer neuen

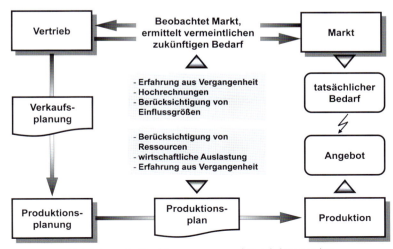

Abbildung 1: Marktprognose und Produktionsplan

Verkaufssaison. Dann ist erkennbar, welche Modelle gut laufen und welche nicht. Nur wenige Hersteller von Kinderschuhen sind in der Lage, den Markt zu diktieren, also ihre Schuhmodelle als Trendsetter zu etablieren. Die meisten Hersteller müssen hoffen, dass sie bei der Kollektionsauswahl und Mengenfestlegung die richtige Spürnase gehabt haben – oder sie müssen mit hohen Restbeständen rechnen.

Beispiel: Industriepumpen

Nehmen wir ein technisches Produkt, zum Beispiel Industriepumpen: Der Kunde bestellt die Pumpen zum Einbau in Anlagen, wobei sich die Pumpenfarben nach der Farbgestaltung dieser Anlagen richten müssen. Welche Anlagen in welchen Farben der Kunde verkaufen wird, weiß er im Vorhinein selber nicht. Wie soll in diesem Fall der Vertrieb des Pumpenherstellers Absatzquoten planen und bestimmte Farben in möglichst großen Losgrößen in seine Produktion einsteuern?

Aufwand für Planung ist nicht mehr wirtschaftlich

Die Antwort auf diese Problematik hieß lange Zeit (und heißt auch oftmals immer noch) mehr und mehr Aufwand in die Planung zu stecken. Man schuf immer schnellere und aufwändigere EDV-Systeme, die ein häufigeres Umplanen und somit kürzere Reaktionszeiten ermöglichen sollten. In vielen Fällen sind damit sogar große Erfolge erzielt worden. Nicht zuletzt die Automobilindustrie hat gezeigt, dass dieser Weg zu einer Erfüllung der Kundenwünsche führen kann. Aber zu welchem Preis? Die Implementierung dieser Systeme, das Sicherstellen der benötigten Informationen sowie der Aufwand für ihre Pflege haben ein Maß angenommen, das vielfach nicht mehr wirtschaftlich vertretbar ist. Treten dann Veränderungen ein, z.B. Modellanpassungen oder -änderungen, führt die vorhandene Komplexität zu einem kaum mehr beherrschbaren Aufwand im Anpassen der Steuerungssysteme.

Flexibilität muss beherrschbar werden

So zum Beispiel im Falle eines Automobilzulieferers, der mit viel Systemaufwand versucht, Losgrößen zu optimieren und dadurch Wirtschaftlichkeit zu erreichen: In der Praxis gibt es immer wieder die Notwendigkeit, die Reihenfolge umzuplanen, da trotz aller Abnahmeprognosen Bedarfsschwankungen seitens des Kunden auftreten. Der Kunde muss ja selber wiederum auf Schwankungen bei seinen Abnehmern reagieren, die ihrerseits, wie im Falle des Pumpenherstellers bereits geschildert, in einer Kette von Abnehmern stehen. Der Kunde braucht plötzlich doch mehr Teile einer bestimmten Farbe, oder er benötigt andere Varianten. Das führt dann automatisch zu notwendigen Umplanungen beim Zulieferer. In der Praxis müssen immer wieder kleine Losgrößen zwischen die sorgfältig optimierten Belegungen geschoben werden – was häufiges Umrüsten und letztlich Verlust an Wirtschaftlichkeit bedeutet. Die ursprünglich geplante Fertigungsreihenfolge wird immer wieder verändert, und unser Zulieferer versucht, die Änderungen in die Planung einzurechnen und möglichst schnell eine neue Planung zu generieren. Das wiederum ist aber nur mit einem großen Aufwand möglich, der nicht zuletzt darin besteht, die aktuellen Daten aus der Fertigung quasi online zu bekommen und in der Planung mitzuverarbeiten. Wenn sich die Kundenwünsche häufiger verändern, erhöht sich der Planungsaufwand immens. Letztlich entsteht eine Unruhe in der Fertigung, verursacht durch die dauernde Umplanung, die ein effizientes Arbeiten nicht mehr zulässt.

Abläufe einfach flexibel gestalten

Die Schlussfolgerung darf aber nun nicht heißen, dass Produktionen weniger flexibel sein sollen. Das Gegenteil ist der Fall: Die Produktionsbereiche müssen in Zukunft agiler werden und ein höheres Maß an Flexibilität aufweisen, denn der Markt fordert es so ein. Gleichzeitig müssen Wege gefunden werden, dass mehr Flexibilität nicht automatisch auch für mehr Komplexität steht. Gerade auch die Automobilindustrie hat erkannt, dass die Komplexität, die zur Beherrschung der Flexibilitätsanforderungen unter Beibehaltung der bisherigen Steuerungsansätze nötig ist, einfach zu groß wird und Wirtschaftlichkeit verloren geht. Daher werden in dieser Industrie, vor allem auch in der Zulieferindustrie, seit Jahren vehement neue Ansätze gesucht, um eine Produktion „einfach flexibel" zu gestalten.

Mehr Flexibilität bei weniger Komplexität

Der Wertstromansatz hilft hier weiter. Die Ansätze, die bei Toyota in nahezu 50 Jahren entwickelt wurden und immer weiter vervollständigt werden, zeigen, dass mehr Flexibilität durchaus nicht mehr Komplexität bedeuten muss. Allerdings wird bei diesen Ansätzen die Lösung nicht in aufwändigeren Systemen gesucht, sondern es werden transparentere Abläufe und einfachere Hilfsmittel eingesetzt. Die langen Prozessketten werden in Einheiten unterteilt, in denen das Material in einem kontinuierlichen Fluss ohne Zwischenstopps fließen kann. Die Einheiten werden untereinander so gekoppelt, dass kaskadenförmige Stufen entstehen, bei denen eine Stufe das Material aus der Vorstufe quasi herauszieht. Idealerweise werden diese Regelkreise so gestaltet, dass man nur noch an einer Stelle im Ablauf einen Anstoß geben muss, damit die Kette dann automatisch abläuft. Das ist eine deutliche Vereinfachung und Steigerung der Wirtschaftlichkeit.

Diese Ansätze sind der Weg, um auch in Zukunft mehr Flexibilität in den Produktionen darstellen zu können, und zwar in wirtschaftlicher Form. Die Produktion der Zukunft ist „einfach flexibel", nicht „komplex unwirtschaftlich".

2.2 Verschwendung im Prozessablauf

Verschwendung hat viele Gesichter

Viele der Aktivitäten, die man in Betrieben beobachten kann, sind nicht wertschöpfend. Das bedeutet, dass durch sie der Wert des hergestellten Produktes in keinster Weise gesteigert wird. Sie dienen nur dem Zweck, die im vorigen Kapitel aufgezeigte Komplexität in irgendeiner Form zu beherrschen, oder sie entspringen historisch gewachsenen Strukturen und Abläufen und bilden diese ab. Eigentlich sollte ein Unternehmen nur die Aktivitäten durchführen, die der Befriedigung der augenblicklichen Kundenbedürfnisse dienen und für die der Kunde auch tatsächlich bereit ist zu zahlen. Nur das wäre wirklich wertschöpfend. Verschwendung dagegen ist der Verzehr von Ressourcen gleich welcher Art, durch den keine Wertsteigerung erzielt wird und keine Befriedigung von Kundenwünschen stattfindet. Bei den verzehrten Ressourcen handelt es sich um Flächen, Maschinen, Personal, Material, Energie - aber auch um Zeit und Geld, sowie beliebige Kombinationen davon. Um Verschwendung in einem Produktionsablauf zu identifizieren, ist es notwendig, sich zunächst einmal eine genauere Vorstellung über die möglichen Formen von Verschwendung zu machen und eine gewisse Typologie zu erarbeiten. Die Väter der Lean-Philosophie bei Toyota haben sich sehr ausführlich Gedanken über die verschiedenen Spielarten von Verschwendung gemacht. Sie haben sieben Arten von Verschwendung (japanisch „Muda") klassifiziert, die immer noch als die Grundformen angesehen werden:

- Überproduktion und zu frühe Produktion
- Wartezeit

- Lager und Bestand
- Überflüssiger Transport
- Ungenügende Prozessgestaltung
- Unnötige Prozessschritte
- Herstellung fehlerhafter Produkte

Bei der Suche nach den Ursachen für diese Verschwendungen werden die einzelnen Kategorien abgearbeitet und Lösungen für ihre Beseitigung gesucht, wie später noch genauer gezeigt wird.

2.2.1 Überproduktion und zu frühe Produktion

Produktions-mengen und Kundenwunsch

Warum sollte ein Unternehmen 1.000 Teile herstellen, wenn seitens der Kunden nur 600 bestellt worden sind? Das Unternehmen macht das, weil es aus den bekannten Losgrößenformeln den Schluss zieht, dass nur so die gewünschten Teile wirtschaftlich herzustellen sind. Die nicht bestellten 400 Teile werden dann aufs Lager genommen, in der Hoffnung, dass sie demnächst verkauft werden. Ob das dann tatsächlich der Fall sein wird, ist fraglich, und allzu häufig müssen Lagerabverkäufe zu reduzierten Preisen oder Verschrottungsaktionen erfolgen, um wieder Platz im Lager zu schaffen. Rechnet man die Kosten für die Lagerung der Teile, einschließlich der notwendigen Administration sowie eventueller späterer „Bereinigungskosten" zusammen und legt sie auf die verkauften 600 Teile um, so ist von der angeblichen Wirtschaftlichkeit der produzierten Losgröße oftmals nicht mehr viel übrig. In den Gedankenansätzen zur schlanken Produktion bezeichnet man diese Form der Verschwendung als „Überproduktion" – mehr produzieren als der Kunde eigentlich will (Abbildung 2).

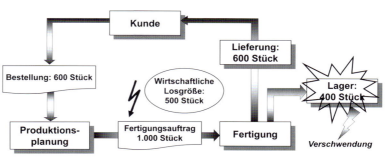

Abbildung 2: Verschwendung durch Überproduktion

Verschwendung ist auch gegeben, wenn man früher produziert, als eigentlich erforderlich.

Beispiel: Herstellung von Metalltüren

Nehmen wir das Beispiel eines Herstellers von Metalltüren: Bei ihm wurden lange Jahre Kundenaufträge, die im Planungssystem sichtbar waren, zu „wirtschaftlichen Losgrößen" zusammengefasst und in die Fertigung gegeben. So wurden Aufträge, deren eigentlicher Liefertermin erst Wochen in der Zukunft lag, bereits sehr früh gefertigt und mussten bis zur Auslieferung eingelagert werden. Aufgrund von Verschiebungen in der Terminplanung der Baustelle wurden Liefertermine immer wieder verändert, meistens nach hinten. Hinzu kam, dass die Kunden, zumeist Architekten, diese Gelegenheit nutzten, um Details der Türen zu verändern – mit dem Verweis auf den verschobenen Liefertermin und die dadurch gewonnene Zeit für die Produktion. Was blieb dem Lieferanten anders übrig, als die Türen neu zu fertigen? Der Hinweis darauf, dass die Türen bereits fertig auf Lager liegen, stieß bei den Kunden auf Unverständnis. Erst durch die Einführung der Prinzipien der schlanken Produktion konnten Abläufe so umgestaltet und die benötigte Flexibilität gewonnen werden, um auf diese Situation zu reagieren und dennoch wirtschaftlich zu bleiben (Abbildung 3).

Produktionstermin und Kundentermin

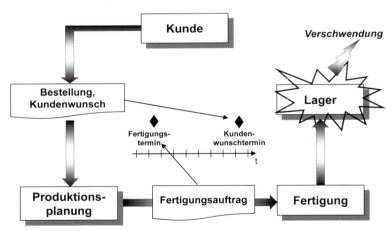

Abbildung 3: Verschwendung durch zu frühe Produktion

2.2.2 Wartezeit

Beispiel: Stanzpresse

Hier gleich zu Beginn ein Beispiel: Ein Mitarbeiter an einer Stanzpresse legt das Rohteil ein. Dann schließt er die Abdeckhaube und löst durch Knopfdruck den Stanzprozess aus. Dieser dauert nicht lange, aber der Mitarbeiter muss warten, bis der Prozess beendet ist. Dann entnimmt er das Teil, legt es in eine Box und beginnt mit dem nächsten Stück den Prozess erneut.

Beispiel: Warten ist Verschwendung

Weiteres Beispiel für Wartezeit: Eine Mitarbeiterin in der Montage montiert Motorensteuerungen. Immer wieder kommt es zu Engpässen in der Zulieferung von Einzelteilen, da Vorprozesse aufgrund von Störungen nicht zeitgenau liefern. Jedes Mal muss die Mitarbeiterin warten. Die Wartezeiten summieren sich im Laufe der Schicht auf erhebliche Zeitanteile.

Beispiel: Maschinenbau

Bei einem Maschinenbauer wird in einem ersten Arbeitsschritt Stangenmaterial auf die benötigte Länge gesägt. Der Mitarbeiter an der Maschine hat einen Überblick über die Aufträge, die in den nächsten Tagen zu bearbeiten sind. Da er gelernt hat, dass Rüstzeiten unwirtschaftliche Verschwendung sind, fasst er mehrere gleiche Aufträge zusammen und sägt die Stücke auf einmal. Dabei sind allerdings nun auch Sägestücke, die erst in der übernächsten Woche benötigt werden. Diese legt er auf Seite, bis sie benötigt werden. Die gesägten Teile warten.

Warten erzeugt Aufwand

Wartezeiten sind die unwirtschaftlichste Art, Zeit zu verbringen. Es erfolgt nicht nur keine Wertschöpfung – im Gegenteil: Oftmals wird noch Aufwand erzeugt. In klassischen Ansätzen der Optimierung wurde bisher nur die Wartezeit von Maschinen gesehen – nicht genutzte Maschinen verursachen Kosten, daher muss der Nutzungsgrad erhöht werden. Dieser Ansatz hat im Übrigen dazu geführt, dass die Reduzierung der Zeiten für einen Rüstvorgang als willkommene Verbesserung der Nutzungsdauer bewertet wurde. Das ist aber nur ein Zweck der Rüstzeitreduzierung, wie später noch gezeigt wird. In der Lean-Philosophie liegt ein wesentliches Augenmerk auf der Wartezeit der Mitarbeiter und der Teile.

So kann man sich beispielsweise im Falle der oben dargestellten Stanzpresse vorstellen, dass der Mitarbeiter den Prozess anstößt, dann aber einen anderen Handgriff durchführt (zum Beispiel eine Messung), während bei Beendigung des Prozesses die gestanzten Teile von einem Auswerfer in die Box geworfen werden.

Wartezeiten sind besonders häufig bei Prozessen in planenden Bereichen anzutreffen, wo nicht vollständige Informationen häufig zu Rückfragen und somit zu Wartezeiten führen. Die Aufgaben warten, werden nicht zu Ende bearbeitet und – im schlimmsten, aber durchaus nicht seltenen Fall – übersehen. Zusätzlicher Aufwand, wie erneutes Aufrufen und Einarbeiten, Beobachten und Planen, ist die Folge.

2.2.3 Lager und Bestand

Bestände sind ein Symptom

Die in der Regel sichtbarste Verschwendung sind Bestände. Teile, die in der Fertigung „herumliegen" und auf ihre Weiterverarbeitung warten, gehören genauso dazu wie „organisierte" Lager, in denen Fertig- oder Halbfabrikate auf ihre weitere Verwendung warten.

Da die ursprünglich geplante Reihenfolge der Fertigungsaufträge durch eine Reihe von Störgrößen, wie bereits dargestellt, in der Regel anders abläuft, stehen vor Maschinen plötzlich Paletten und Gitterboxen mit Teilen, die auf ihre Weiterverarbeitung warten. Die stehen im Weg, und der Mitarbeiter, der einen Auftrag zu bearbeiten hat, muss sich oft mühsam die entsprechenden Teile aus der Menge des wartenden Bestands heraussuchen.

Wartende Teile kosten nicht nur Platz, sondern vor allem Aufmerksamkeit in Form von Verwaltung, Steuerung und Kontrolle. Der dabei entstehende Aufwand ist nicht wertschöpfend und muss weitestgehend eliminiert werden. Bestände zeigen, dass der Ablauf nicht reibungslos funktioniert. Sie sind sichtbares Zeichen für mangelnde Wertstrom-Orientierung.

2.2.4 Überflüssiger Transport

Transporte erzeugen Aufwand

Häufige Transporte von Teilen sind ebenfalls Verschwendung. Gerade in historisch gewachsenen Layout-Strukturen findet man eine hohe Zahl an innerbetrieblichen Teiletransporten. Nicht immer lassen sich diese Transporte vermeiden, denn Umbauten oder Umzüge sind oftmals zu aufwändig oder auch gar nicht möglich. Wenn jedoch diese Transporte dann noch nicht einmal selbststeuernd (z.B. über einen sog. „Milkrun" oder Produktionsversorger), sondern zentral organisiert sind, ist die Verschwendung enorm. Die Organisation von Transporten kann man in der Regel beeinflussen. Auch hier spiegeln sich gewachsene und nicht immer durchdachte Strukturen.

2.2.5 Ungenügende Prozessgestaltung

Beispiel: Montagelinie

Prozesse laufen oft ineffizient

Beispiel: In einer Montagelinie wird in einem letzten Schritt die Baugruppe in einen Prüfstand eingelegt. Der Mitarbeiter muss von seinem Platz aus mit der Baugruppe um den Prüfstand herumgehen, um dann das Teil einzulegen. Dadurch verliert er Zeit und muss gleichzeitig die empfindliche Baugruppe vorsichtig tragen. Es kommt immer wieder zu Beschädigungen.

Beispiel: Kabel ablängen

Ein anderer Mitarbeiter längt Kabel ab. Je nach Auftrag muss er verschiedene Längen von verschiedenen Trommeln abschneiden. Das Abrollen von den Trommeln ist mühselig, da die Trommeln jedes Mal aus dem Regal geholt werden müssen. Dies führt dazu, dass er versucht, immer schon im Voraus mehrere Stücke von der gleichen Trommel abzuschneiden. Damit erzeugt er Bestände. Eine einfache Hilfsvorrichtung, mit der die Kabel von den Trommeln abgerollt werden können, während diese im Regal verbleiben, würde hier weiterhelfen.

Arbeitsplätze effizient gestalten

Diese Beispiele zeigen: Eine ungenügende Gestaltung von Prozessen ist Verschwendung. Nicht ergonomisch gestaltete Arbeitsplätze führen zu hohen Fehlerquoten, mangelnder Qualität und nicht ausreichender Konzentration der beteiligten Mitarbeiter und Mitarbeiterinnen. Ein Bestandteil schlanker Produktionssysteme ist die optimale Gestaltung der Arbeitsplätze. Auch die Wahl der technischen Prozesse kann Verschwendung sein. Oftmals ergeben sich andere technische Lösungen, die zu einem besseren Fluss der Teile führen und somit helfen, Wartezeiten zu vermeiden.

Beispiel: Spritzgießmaschinen

Beispiel: Ein Hersteller von Kunststoffteilen, der mehrere mittelgroße Spritzgießmaschinen im Einsatz hatte, tauschte diese im Rahmen eines Wertstromprojektes gegen sogenannte Kleinstspritzgießmaschinen aus. Diese bieten mit deutlich kürzeren Rüstzeiten ein erheblich höheres Maß an Flexibilität. Die mittelgroßen Maschinen stammten noch aus einer Zeit, als lediglich Maschinenausbringung und Stückkosten des Prozesses als Kriterium für die Investitionsbewilligung herangezogen wurden. Die Betrachtung der gesamten Wertschöpfungskette führte dann aber zu den neuen Lösungen.

2.2.6 Unnötige Prozessschritte

Verschwendung findet man in den meisten Produktionen an jeder Stelle, und zwar auf unterschiedlichen Ebenen. Da sind beispielsweise unnötig häufige Handlingsvorgänge von Teilen. Die können dadurch bedingt sein, dass Teile immer wieder neu sortiert werden müssen: Oftmals fallen Teile, die in einer gewissen Reihenfolge vor dem Prozess ankommen, nach der Bearbeitung einfach in eine Kiste. Anschließend werden sie im nächsten Prozess wieder neu eingelegt, gegebenenfalls sogar neu sortiert. Dieser Prozess ist nicht wertschöpfend, sondern reine Verschwendung. Eigentlich müssten die Teile aus dem Prozess in der Reihenfolge herauskommen, in der sie anschließend weiterverarbeitet werden.

Prozessschritte oft nicht durchdacht

2.2.7 Herstellung fehlerhafter Produkte

Nacharbeit ist ein weiterer Bereich für Verschwendung: Nacharbeit bedeutet zusätzliche Arbeitsaufwendungen und vor allem zusätzlichen Steuerungsaufwand. Nachzuarbeitende Teile werden häufig ausgeschleust. Das wiederum muss organisiert und verwaltet werden und führt beispielsweise dazu, dass die Reihenfolge der Aufträge verändert wird oder geplante Lieferzahlen nicht erreicht werden (was in der Regel der Grund für das leidige „Aufrunden" von Losgrößen ist). Oder die Nacharbeit findet am Arbeitsplatz statt, wodurch der gesamte Ablauf aufgehalten bzw. verlängert wird.

Nacharbeit stört den Prozessfluß

Nacharbeit, egal wie man sie organisiert, ist in jedem Falle nicht wertschöpfend und muss daher vermieden werden. Der Grund für Nacharbeit sind jedoch Fehler im Prozess. Daher ist die Herstellung fehlerhafter Teile an sich Verschwendung und sollte weitestgehend eliminiert werden. Prüfungen sollten nicht erst am Ende der Prozesskette erfolgen, sondern laufend. Sobald Abweichungen auftreten, muss im Prozess gegengesteuert werden, nicht erst am Ende beim fertigen Produkt.

2.3. Wertschöpfend, nicht wertschöpfend und unterstützend

Die Welt ist nicht schwarz-weiß

Nicht immer ist die Grenze zwischen Verschwendung und Wertschöpfung eindeutig zu ziehen. Aktivitäten wie Bearbeiten oder Montieren sind einfach zu beurteilen, nämlich als wertschöpfend. Gleiches gilt für die bereits genannten Tätigkeiten Warten, Sortieren und Nacharbeiten, die eindeutig Verschwendung sind. Was aber ist mit Aktivitäten wie Bereitstellen, Einlegen von Teilen oder Prüfen? Diese Tätigkeiten sind nicht wertschöpfend, aber sind sie deswegen automatisch Verschwendung?

Drei Kategorien von Aktivitäten

In der Lean-Philosophie hat man, neben wertschöpfend und verschwendend, eine dritte Kategorie von Aktivitäten eingeführt: die unterstützenden Tätigkeiten. Das sind Prozesse, Handgriffe oder Aktivitäten, die an sich nicht wertschöpfend, aber unerlässlich sind, um eine Wertschöpfung zu starten. Dazu gehören Aufgaben wie das Einlegen von Teilen, das Bereitstellen von Rohmaterial, das Prüfen oder auch das Starten von Prozessen.

Abbildung 4: Unterscheidung von Aktivitäten hinsichtlich ihres Wertschöpfungsanteils

Grenzen sind fließend

Die Grenze zwischen wertschöpfend und unterstützend einerseits sowie unterstützend und verschwendend andererseits ist nicht immer eindeutig und klar. Bei einer Beurteilung sollte man sich immer von dem Grundsatz leiten lassen, inwieweit eine Tätigkeit tatsächlich notwendig ist, um eine wertschöpfende Aktivität erfolgreich durchführen zu können. Oftmals werden Prozesse, die in einem ersten Betrachtungsschritt als unterstützend definiert werden, in einer zweiten Optimierungsschleife zur Verschwendung, da sie aufgrund der erreichten Verbesserungen nicht mehr benötigt werden.

Ein nachhaltig wirksamer und dauerhafter Abbau von Verschwendung kann nur erreicht werden, wenn man den Ablauf ganzheitlich betrachtet. Verschwendung muss eliminiert werden, und unterstützende Tätigkeiten müssen möglichst effizient gestaltet werden. Die wertschöpfenden Anteile müssen immer im Gesamtzusammenhang betrachtet und dementsprechend verbessert werden.

2.4 Bestände sind sichtbare Verschwendung

Bestände und ihre Erscheinungsformen

Verschwendung ist nicht immer direkt sichtbar. Oftmals muss sehr genau und intensiv hingeschaut werden, um Verschwendung zu erkennen. Ein sichtbares Zeichen für Verschwendung sind Bestände. Jede Kiste mit Material, jede Palette mit Teilen wirft direkt die Fragen auf, ob der Ablauf optimal gestaltet ist, warum das Material warten muss und wer seine Weiterverarbeitung steuert. Dabei kann man drei verschiedene Formen an Beständen unterscheiden:

- Material, das in der Produktion vor oder in der Nähe von Maschinen oder Arbeitsstationen darauf wartet, weiterverarbeitet zu werden,
- Material, das in definierten Lagern eingelagert ist und dort auf seine Weiterverwendung wartet,

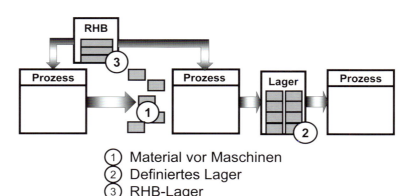

① Material vor Maschinen
② Definiertes Lager
③ RHB-Lager

Abbildung 5: Bestände und ihre Erscheinungsformen

- Roh-, Hilfs- und Betriebsstoffe (RHB), die irgendwo im Betrieb gelagert werden und für die Abarbeitung der Prozesse fallweise herangezogen werden.

Teile warten

Die erste Form fällt meistens direkt auf: Große Mengen an angearbeiteten Teilen, die vor Arbeitsstationen warten, findet man mehr oder weniger in jeder herkömmlich organisierten Produktion. Die Kapitalbindung ist bei diesen Teilen zumeist gar nicht das große Thema, da die Teile in der Regel nicht lange liegen bleiben. Verschwendung ist zum einen der für die Lagerung benötigte Platz, der sich zumeist in einer für Produktionszwecke errichteten Umgebung befindet (und daher hohe Flächenkosten mit sich zieht). Und selbst wenn die Teile in einer speziellen, preiswerteren Fläche außerhalb der Produktion gelagert werden, fallen Transportkosten an, die gemäß der im vorigen Kapitel dargestellten Betrachtung Verschwendung sind.

Bestände müssen gesteuert werden

Das größte Maß an Verschwendung entsteht aber durch die notwendige Steuerung dieser Teile. Wer kümmert sich darum, dass diese Teile weiterverarbeitet werden? Wer legt die weitere Reihenfolge fest? Wer sucht die entsprechenden Teile aus der Menge an gelagerten Kisten heraus und führt sie der Weiterverarbeitung zu? Dazu ist Aufwand erforderlich, der entweder durch „Steuerer" vor Ort erfolgt oder durch ein zentrales Steuerungssystem. Im ersten Fall sind das zum Beispiel Fertigungsmeister, die die nächsten zu bearbeitenden Aufträge und Teile zusammenstellen. Der Aufwand dafür ist nicht zu unterschätzen. So hat beispielsweise bei einem Hersteller von Kupferrohr-Verbindern jeder der vier Vorarbeiter etwa zwei Stunden pro Schicht für diese Aufgabe aufgewendet – unnötige Verschwendung, wenn man den Ablauf anders organisieren könnte.

Bestände müssen verwaltet werden

Aber auch der Fall, dass Material in definierten Lagern eingelagert ist und dort auf seine Weiterverwendung wartet, ist Verschwendung. Dieses Material muss verwaltet, also ein- und ausgebucht werden, wodurch Aufwand erzeugt wird, der nicht wertschöpfend ist. Bestände müssen überwacht und kontrolliert werden, und die physische Lagerung der Bestände ist ohne mehr oder weniger große Investitionen nicht darstellbar.
Die Frage ist zunächst nicht, wie groß ein solches Lager ausgelegt werden soll. Als erstes muss herausgefunden werden,

warum ein solches Lager überhaupt existiert. Oftmals sind solche Lager ein Zeichen dafür, dass die vorgelagerten Prozesse nicht in der Lage sind, entsprechend den Kundenbedürfnissen zu produzieren, was Menge, Variantenverteilung und Lieferzeit entspricht. Ein Unternehmen, dessen Kunden eine Lieferzeit für ein Produkt fordern, die kürzer als die Durchlaufzeit durch die Produktion ist, hat kaum eine andere Chance, als auf Lager zu produzieren. Die Aufgabe ist dann nicht, das Lager zu optimieren, sondern die davor liegenden Prozesse so zu gestalten, dass man wertstromorientiert und im Kundentakt fertigt.

Lieferzeiten versus Durchlaufzeiten

Gelingt es, die Durchlaufzeit für die Produktion soweit zu reduzieren, dass sie kleiner wird als die gewünschte Lieferzeit, dann entfällt die Notwendigkeit für ein Lager am Ende der Kette. Ob das möglich ist, und vor allem, wie groß der dafür benötigte Aufwand ist, muss im Einzelfall geklärt werden. Zumindest kann durch diesen Ansatz versucht werden, die beiden Parameter Durchlaufzeit und Lieferzeit anzunähern und somit das Lager zu minimieren. Das wäre dann ganz im Sinne der bereits geschilderten Zielsetzung, unterstützende Prozesse möglichst effizient zu gestalten, wenn man sie schon nicht ganz eliminieren kann.

Der Lagerung von Hilfs- und Betriebsstoffen, die für die Abarbeitung von wertschöpfenden Prozessen fallweise herangezogen werden, wird oft zu wenig Augenmerk geschenkt. Nimmt man zum Beispiel die Lagerung von Verpackungen, so werden diese oft zentral verwaltet und durch einen Transportdienst an die Prozesse gebracht. Das ist Aufwand, der gerade im Konsumgüterbereich oftmals enorme Kapazitäten verschlingt. Bestände, die hier geführt werden, sind ein Zeichen für eine häufig fehlende Koordination von Verbrauch und Beschaffung. Auch sie sind Verschwendung, da sie verwaltet, gesteuert, gelagert und transportiert werden müssen.

Auch RHB-Bestände sind Verschwendung

Bestände sind Verschwendung – und ein sichtbares Zeichen für Probleme im Ablauf. Bestände signalisieren, dass der Ablauf nicht konsequent wertstromorientiert organisiert ist. Sie lassen sie sich nicht immer vollkommen vermeiden. Oftmals werden Bestände gezielt zur Entkopplung von Bereichen mit unterschiedlichen Charakteristika eingesetzt – dann aber gewollt und geplant (s. Kapitel 5.8).

3. Verschwendung reduzieren mit Wertstrom-Management

3.1 Die Produktion ganzheitlich betrachten

Wertstrom - Strom der Werte

Der Begriff Wertstrom ist ein Kunstbegriff, der aus der Übersetzung des englischen Fachwortes „Value Stream" herrührt. Eine sicherlich treffendere Bezeichnung wäre „Strom der Werte", oder noch besser „Strom der Wertschöpfung". Denn genau das ist unter dem Begriff zu verstehen: Die Verbindung aller Aktivitäten, die benötigt werden, um ein Produkt vom Ausgangsmaterial in die vom Kunden gewünschte Form zu bringen. Dazu zählen nicht nur die Prozesse in einer Produktion und der Materialfluss, sondern auch die Aktivitäten, mit denen Prozesse und Materialfluss gesteuert werden, einschließlich des Informationsflusses. Die Identifizierung von Verschwendung ist eine unerlässliche Vorarbeit, die notwendig ist, um zu einfachen Systemen zu kommen und wertstromorientierte Abläufe zu schaffen.

Ganzheitliche Betrachtung von Einzeloptimierung

Verschwendung hat viele Gesichter. Vieles erkennt man nur bei einer ganzheitlichen Betrachtung der gesamten Wertschöpfungskette. Nicht mehr die Ausrichtung an einer Maschine und ihrer Auslastung ist das alleinige Maß für die Wirtschaftlichkeit, sondern die Gesamtbetrachtung, einschließlich der übergeordneten Bereiche wie Steuerung, Logistik und Planung, reduzierte Verschwendung. Ganzheitlich bedeutet zum einen, dass die vor- und nachgelagerten Bereiche berücksichtigt werden. Eine Maschine einzusetzen, die schnell arbeitet, bringt zwar möglicherweise eine Reduktion der Stückkosten für diese Maschine. Wenn sie aber beispielsweise schneller als die nachgelagerten Bereiche arbeitet, entsteht dort ein Stau und somit ein Bestand an wartenden Teilen. Dies hat erhebliche Auswirkungen auf den gesamten Durchlauf und ist somit, wie im vorigen Kapitel gezeigt, Verschwendung. Die Optimierung einer Arbeitsstation kann also, wenn sie nicht unter einem ganzheitlichen Blick geschieht, an anderer Stelle zu Verschwendung führen (Abbildung 6).

Ganzheitliche Betrachtung bedeutet aber auch, neben den Prozessen die dazwischen stattfindenden Materialflüsse und vor allem die Informationsflüsse zwischen der Steuerung und den Prozessen mit einzubeziehen. Wenn die zu bearbeitenden

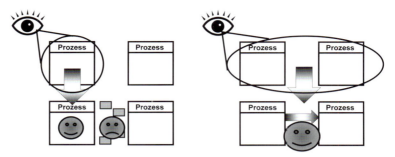

Abbildung 6: Ganzheitlicher Blick vor Einzeloptimierung

Prozesse - Materialfluss - Informationsfluss

Aufträge in einer anderen Reihenfolge an der nächsten Station ankommen als geplant, so entstehen hier durch die Umsortierung neue Wartezeiten, also Verschwendung. Diese machen möglicherweise den Bearbeitungszeit-Gewinn wieder zunichte. Auch hier gilt: Die Optimierung an einer Stelle kann durch Maßnahmen an anderer Stelle überlagert oder sogar ins Gegenteil verkehrt werden.

Zeitanteil für Wertschöpfung ist gering

Analysen von Abläufen zeigen immer wieder, dass die Zeitanteile, in der tatsächlich Wertschöpfung geschieht, nur einen geringen Teil der gesamten Durchlaufzeit ausmachen. Die Optimierung einzelner Mosaiksteinchen hilft nur bedingt weiter, wenn das ganze System mit allen Wechselwirkungen außer Betracht bleibt. Die Ursachen für Verschwendung sind häufig gar nicht da zu finden, wo die Verschwendung auftritt. Daher ist es notwendig, eine ganzheitliche Betrachtung zu wählen. Es gilt, die entsprechenden Hilfsmittel und methodischen Ansätze des Wertstrom-Management zum Einsatz zu bringen, damit im System Verschwendung aufgespürt und eliminiert wird.

Immer schon wurde in der Vergangenheit versucht, ein möglichst umfassendes Bild des Ist-Zustandes einer Produktion zu gewinnen. Die Restrukturierung von Produktionsabläufen wurde in der Regel mit einer langen Analyse des Ist-Zustandes gestartet, auf der dann eine mehr oder weniger lange Konzeptionsphase aufgesetzt hat. Dabei stellte sich oftmals heraus, dass ein Großteil der Analyse-Arbeit gar nicht notwendig war, da man sich nicht mit den tatsächlich wichtigen Stellschrauben beschäftigt hatte.

Der Blick aus der Vogelperspektive

Mit Wertstrom-Management steht heute ein Werkzeug zur Verfügung, das es ermöglicht, schnell und hinreichend genau die Schwachstellen einer Produktion zu ermitteln. Der erste Schritt, die Analyse, führt dabei zu einem Bild des Ist-Zustandes, dem sogenannten Mapping. Dieses Mapping entspricht einer Aufnahme aus der Vogelperspektive. Es stellt in zunächst einfacher und grober Form dar, wie die Zusammenhänge in dem betrachteten Bereich sind, wie der Wertstrom tatsächlich abläuft und wie er gesteuert wird. Mit dem Wertstrom-Mapping wird in ganzheitlicher Form der bereichsübergreifende Wertstrom transparent dargestellt. Das erste Mapping ist kein absolut genaues und in allen Einzelheiten detailliertes Bild des Ist-Zustandes. Es ist ausreichend genau, um Zusammenhänge zu erkennen und vor allem die Stellen sichtbar zu machen, die Verschwendung verursachen.

Vom Mapping zum Design

Die Orientierung am Wertstrom, also an einer stetigen Steigerung der Wertschöpfung, ist dann die Leitlinie bei der Identifizierung von Verschwendung und der nachfolgenden Optimierung des Systems (dem sog. „Design"). Ein System ist optimal, wenn es nur noch wertschöpfende Tätigkeiten umfasst. Das wird in der Regel nie erreicht werden können, und auch der Weg dorthin geschieht nicht in einem Schritt. Die Entwicklung einer Produktion von einer Ausgangssituation hin zu einer schlanken Produktion ist ein andauernder Weg mit vielen Optimierungsschritten.

3.2 Zunächst das Ist, dann die Vision

Denkphilosophie und schrittweises Vorgehen

Der Wertstromansatz umfasst eine Vielzahl unterschiedlicher Bausteine. Zum einen ist Wertstrom-Management eine Denk-Philosophie, die auf den Gedanken Kundenorientierung, verschwendungsfreie Produktion und synchroner Fluss basiert. Kundenorientierung ist eine Grundlage, die in der Produktion vielfach verloren gegangen ist bzw. nicht mehr im direkten Fokus steht. Wie viele Produktionen gibt es, bei denen der Fertigungsauftrag keinen Bezug mehr zum eigentlichen Kundenauftrag hat? Gleichzeitig ist der Wertstromansatz auch eine Methode, in der eine schrittweise und systematische Vorgehensweise zum Erkennen und Vermeiden von Verschwendung definiert ist. Schließlich umfasst Wertstrom-Management Werkzeuge, mit denen Produktionssysteme dargestellt, Verschwendung sichtbar gemacht und Lösungsfindung unterstützt wird.

Verschwendung erkennen

Die Methode umfasst mehrere Arbeitsschritte, um systematisch Verschwendung zu erkennen und diese zu vermeiden (Abbildung 7). In einem ersten Arbeitsschritt wird zunächst der Ist-Zustand aufgenommen. Dabei geht es, wie bereits erwähnt, darum, diesen Ist-Zustand in einfacher Form, schnell und hinreichend genau zu erfassen. Ausgehend vom Kundenwunsch wird versucht, quasi aus der Vogelperspektive ein ausreichend genaues Bild zu bekommen. Es kommt darauf an, ein Bild zu erhalten, das eine Aussage über die tatsächlichen Verhältnisse im betrachteten System ermöglicht – und zwar bezüglich Materialfluss, Prozesse, Informationsfluss und Steuerung. Und vor allem geht es um die entsprechenden Zusammenhänge.

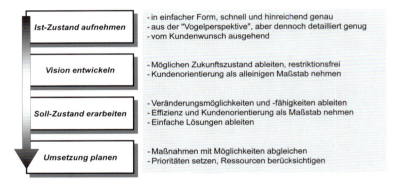

Abbildung 7: Schritte bei einer Wertstrombetrachtung

Vision als Leitlinie

In einem zweiten Arbeitsschritt wird dann eine „Vision" erarbeitet. Diese Vision soll darstellen, wie ein verschwendungsfreier Ablauf des betrachteten Systems aussehen könnte. Dabei wird nicht berücksichtigt, welche Restriktionen einem verschwendungsfreien Ablauf im Wege stehen. Man löst sich bei der Erarbeitung der Vision weitestgehend vom Ist-Zustand und seinen Restriktionen. Die Erarbeitung dieser Vision ist vergleichbar mit einer Grüne-Wiese-Planung in der Fabrikplanung. Auch hier wird eine Planung erarbeitet, die sich von den Restriktionen eines Ist-Zustandes weitestgehend befreit und einen möglichen optimalen Zustand darstellt. Die Vision ist quasi der Polarstern, an dem sich die später zu erarbeitende Roadmap ausrichtet.

Eine derartige Vision wird man nicht ohne weiteres umstoßen. Der im nächsten Arbeitsschritt zu erarbeitende Soll-Zustand hat dagegen durchaus nur eine begrenzte Lebensdauer und wird nach Erreichen durch einen neuen, der Vision ein Stück weiter angenäherten, Soll-Zustand ersetzt. Es ist nicht gesagt, dass man diese Vision jemals erreichen wird - doch sie ist der Orientierungspunkt für alle weiteren Optimierungsschritte.

Soll-Zustand als realisierbares Ziel

Im dritten Arbeitsschritt wird ein zukünftiger Soll-Zustand erarbeitet. Dieser Sollzustand orientiert sich an den Restriktionen der Gegenwart. Dabei ist natürlich festzulegen, wie weit der Sollzustand in die Zukunft reichen soll. Der Zeithorizont richtet sich nach den Gegebenheiten des Untersuchungsbereiches: Welche Ziele sollen bis wann erreicht werden? Welche Ressourcen stehen zu ihrer Verwirklichung zur Verfügung? Der Sollzustand ist veränderlich, und er soll im Laufe der Umsetzung immer wieder angepasst und weiterentwickelt werden. Die Erfahrung zeigt, dass die Entwicklung eines ersten Sollzustandes mit einem Zeithorizont von etwa einem Jahr realistisch und in der Praxis umsetzbar ist.

Wertstromorientierung ist ein Prozess

Wichtig ist zu lernen, dass die Orientierung am Kundenwunsch und die Reduzierung von Verschwendung kein einmaliger Akt ist, sondern ein Entwicklungsprozess, der eine kontinuierliche Verbesserung mit sich bringt. Lösungen, die im Soll-Konzept erarbeitet werden, sollten nicht „für die Ewigkeit" gebaut sondern wandlungsfähig sein.

Beispiel: Kanban-Lager

Ein Beispiel: Es kann durchaus vorkommen, dass ein arbeitsplatznahes Kanban-Lager, das im Rahmen eines selbststeuernden Regelkreises (mehr dazu später in den nachfolgenden Kapiteln) eingeführt wird, in einer zweiten Verbesserungsstufe überflüssig und durch einen Produktionsversorger (auch dazu mehr in den nachfolgenden Kapiteln) ersetzt wird. Es muss also darauf geachtet werden, dass eine Veränderung und weitere Verbesserung möglich ist, ohne dass Restriktionen diese blockieren. Würde man in dem genannten Beispiel das Kanban-Lager nun derart aufwändig bauen, dass eine Veränderung nicht möglich ist, wären weitere Verbesserungen blockiert.

Das ist auch der Grund, warum man in wertstrom-orientierten Produktionen vielfach nur „einfache" Lösungen findet. Dies stößt bei Betriebsmittelkonstrukteuren leider oft auf Unverständnis.

Die Umsetzung erfolgt nach Plan

Der vierte Schritt im Rahmen des Wertstromansatzes beinhaltet schließlich die Erarbeitung eines Umsetzungsplans. In diesem Wertstromjahresplan werden die notwendigen Maßnahmen dargestellt, um den Sollzustand in der angegebenen Zeit zu erreichen. Der Plan umfasst Prioritäten, Ressourcen und Zuständigkeiten, aber auch die Regelungen zur Erfolgskontrolle.

Schließlich gehört die Umsetzung als wesentlicher Schritt zum Wertstromansatz. Auch hier gibt es Vorstellungen darüber, wie die Umsetzung am besten erfolgt, damit der Sollzustand tatsächlich in der vorgegebenen Zeit erreicht werden kann. Auf das Thema Umsetzung und Wertstromjahresplan wird später noch genauer eingegangen.

4. Wertstrom-Mapping: Werkzeug zur schnellen Analyse

Das Mapping einer Produktion erfolgt mit einer Reihe von Symbolen und einer bestimmten Terminologie, die einfach, verständlich und nachvollziehbar ist. Dabei wird eine festgelegte Nomenklatur benutzt, um den Ist-Zustand zu dokumentieren. Bei den benutzten Elementen handelt es sich um knapp ein Dutzend unterschiedlicher Symbole, die einfach zu merken und zu zeichnen sind. Diese einzelnen Bestandteile werden nachfolgend dargestellt und erläutert.

Wenige Symbole, einfache Nomenklatur

4.1 Der Diagramm-Aufbau

Hauptbestandteil des Mappings ist das sogenannte Wertstromdiagramm, oft auch nur als Mapping bezeichnet. In diesem Diagramm werden Material- und Informationsfluss, Aktivitäten und Bestände gleichermaßen dokumentiert. Das so entstehende Bild des Ist-Zustandes hat eine ziemliche Informationsfülle, ist aber genau strukturiert und daher – mit etwas Übung – gut lesbar. Ein Wertstrom-Diagramm ist immer in fünf unterschiedliche Bereiche unterteilt: Kunde, Prozesse und Materialfluss, Steuerung und Informationsfluss, Lieferanten sowie Kennzahlen und Zeiten.

Mappings sind immer gleich strukturiert

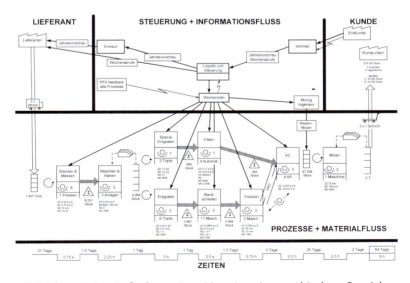

Abbildung 8: Die Aufteilung eines Mappings in verschiedene Bereiche

Kunde:

Kunde steht im Vordergrund

In der rechten oberen Ecke eines Wertstrom-Diagramms wird immer der Kunde dargestellt. Dabei kann es sich um den Endkunden der Firma handeln, aber auch um einen internen Kunden des betrachteten Bereichs. Beim Zeichnen eines Wertstromdiagramms fängt man immer mit dem Kunden an. Der Kunde wird in Form eines Fabriksymbols dargestellt, versehen mit der Information, welche Mengen von welchen Produkten er in welchem Zeitraum, nach Möglichkeit auch in welchem Rhythmus, bekommt (Abbildung 9)

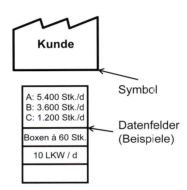

Abbildung 9: Symbol für den Kunden

Die Frage, wer denn nun der Kunde ist, der in einem Diagramm dargestellt werden soll, ist nicht immer einfach zu beantworten, wie folgendes Beispiel zeigt: Eine End-Montage liefert ihre Produkte an ein zentrales Lager, von wo aus dann die Endkunden beliefert werden. Zunächst ist das Versandlager der Endkunde, denn die zentrale Disposition ermittelt die zu montierende Menge aufgrund eines Abgleichs zwischen Kundenbestellungen und Lagervorräten (also in Form einer klassischen Netto-Bedarfsrechnung). Betrachtet man aber vielleicht in einem späteren Durchgang der Analyse die gesamte Durchlaufzeit, die ein Kundenauftrag von seiner Bestellung bis zur Auslieferung benötigt, so ist das Versandlager nur eine Zwischenstation – und nicht mehr Kunde der Montage. In diesem Falle müsste das Diagramm geändert werden.

Mapping lebt

Hier wird schon deutlich, was sich an anderer Stelle wiederholen wird: Ein Mapping ist keine festgeschriebene Darstellung, sondern unterliegt mit zunehmendem Erkenntnisstand Veränderungen. Und das ist auch so gewollt: Durch die einfache und schnelle Generierung eines Wertstromdiagramms kann dieses schnell verändert und weiterentwickelt werden.

Prozesse und Materialfluss:

Prozesse und Materialfluss darstellen

Im Mittelbereich des Diagramms werden Prozesse und Materialfluss dargestellt. Die Prozesse werden durch ein einfaches Symbol, ein Kästchen, symbolisiert. Diese Prozesskästchen beinhalten eine Reihe von Informationen. Dazu gehören neben der Prozessbezeichnung die Anzahl der notwendigen Bediener dieses Prozesses sowie eine Reihe von beschreibenden Parametern, die in Kapitel 5.1 noch näher erläutert werden (Abbildung 10).

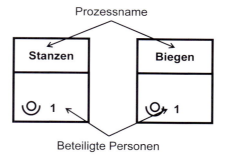

Abbildung 10: Symbol für Prozesse und Materialfluss

Die Anzahl der darstellbaren Prozesskästchen ist in einem Wertstromdiagramm beschränkt. Bei zu vielen Kästchen leidet die Übersichtlichkeit – in der Regel versucht man, nicht mehr als zehn Prozesse in einem Mapping darzustellen. Unter Umständen muss man Prozesse zu Prozessclustern zusammenführen, die dann, wenn notwendig, in einem zweiten Bild weiter detailliert werden. Das Beispiel in Abbildung 11 zeigt, wie Einzelprozesse (in diesem Fall verschiedene Schritte einer Hartbearbeitung) zu einem Prozesscluster zusammengefasst werden, um ein übersichtlicheres Bild zu erhalten.

Bilanzhülle festlegen

An dieser Stelle ist die Frage nach der „Bilanzhülle" eines Wertstrom-Diagramms anzubringen: Vor einem Mapping muss festgelegt werden, „von wo bis wo" der zu betrachtende Bereich,

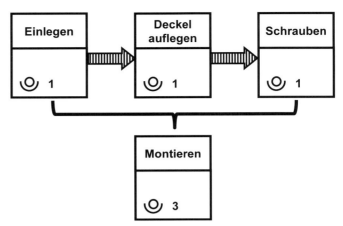

Abbildung 11: Zusammenfassung von Prozessen

also mit welchem Anfangs- und Endprozess, denn aufgenommen werden soll. Diese Festlegung ist, wie beim Thema Kunden oben bereits erwähnt, nicht immer eindeutig am Anfang zu klären. Dennoch ist eine erste Festlegung sinnvoll, die dann durchaus im Laufe der weiteren Arbeit verändert werden kann.

Der Materialfluss wird durch verschiedene Pfeile gekennzeichnet, Bestände durch Dreiecke. Beide Symbole werden noch näher erläutert.

Steuerung und Informationsfluss:

Im mittleren oberen Teil des Diagramms werden die Steuerungsaktivitäten dargestellt, also die Funktionen, die den Ablauf der

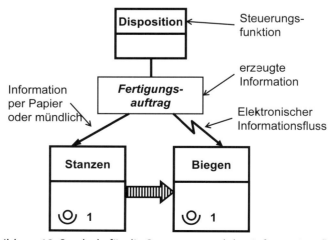

Abbildung 12: Symbole für die Steuerung und den Informationsfluss

Steuerung löst Prozesse aus

Prozesskästchen auslösen und Kundenbedarfe letztlich in die Informationen umsetzen, die in der Fertigung benötigt werden. Dazu gehören zum Beispiel Funktionen wie Disposition, Arbeitsvorbereitung und Fertigungssteuerung. Über einfache Pfeile wird dargestellt, welche Informationen von welcher Funktion zu welchem Bereich fließen und schließlich in welchem Prozesskästchen ankommen.

Die Detaillierungstiefe dieser Steuerungsaktivitäten kann sehr unterschiedlich sein. Auch hier gilt wieder das Prinzip, zunächst mit hinreichendem Aufwand ein erstes Bild zu erzeugen, das dann, falls benötigt und sinnvoll, in einem zweiten Durchgang weiter detailliert werden kann.

Lieferant:

Lieferant findet Beachtung

Links oben im Wertstromdiagramm werden Lieferanten dargestellt. Diese werden, genauso wie der Kunde, durch ein Fabriksymbol gekennzeichnet. Auch hier werden zunächst nur die wichtigsten Lieferanten dargestellt, denn je nach Notwendigkeit kann die Darstellung später weiter ergänzt werden.

Kennzahlen und Zeiten:

Wertstromkennzahlen

Im unteren Bereich des Wertstromdiagramms werden Zeiten dargestellt und zwar Durchlaufzeiten und Wertschöpfungszeiten. Es handelt sich hierbei um eine einfache Darstellung von Zusammenhängen, die ein grobes Bild der Verhältnisse zeigen sollen. Die Einzelheiten dazu und vor allem Hinweise über die Verwendung dieser Kennzahlen, werden später noch dargestellt.

4.2 Prozesse und ihre Parameter

Prozesse, egal ob wertschöpfend oder nicht, werden in einer einheitlichen Form dargestellt Dazu gehört der eigentliche Prozesskasten mit der Bezeichnung des Prozesses sowie der Angabe über die beteiligten Mitarbeiter/innen. Mit dieser Anzahl sind die Mitarbeiter/innen gemeint, die benötigt werden, um den aufgeführten Prozess durchzuführen. Dabei muss man folgende Fälle unterscheiden (Abbildung 13):

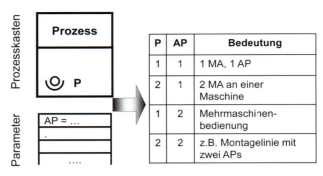

Abbildung 13: Prozess und beteiligte Mitarbeiter

Mitarbeiter und Prozesse

- In einem Prozess sind mehrere Maschinen parallel vorhanden, die jeweils durch eine Person bedient werden. Dann wird hier die Anzahl der Personen aufgeführt, und an anderer Stelle (siehe weiter unten) wird die Anzahl der Maschinen genannt. Wenn also beispielsweise in einem Prozess „Spritzgießen" fünf parallele Maschinen vorhanden sind, die jeweils durch eine Person bedient werden, so werden hier auch fünf Personen aufgeführt.
- Der aufgeführte Prozess besteht aus einer Reihe von aufeinander folgenden Stationen, die jeweils durch eine Person bedient werden. Auch hier wird die Gesamtzahl der bedienenden Personen aufgeführt. So werden beispielsweise bei einer Montagelinie, die als Ganzes in einem Prozesskasten dargestellt werden soll, und bei der hintereinander drei Arbeitsstationen mit je einer Person besetzt sind, drei Personen in dem Prozesskasten eingetragen. Die Maschinenanzahl wird dann mit „eins", für eine Montagelinie stehend, gekennzeichnet.
- Der dargestellte Prozess besteht aus mehreren Maschinen, die parallel laufen, aber nur von einer Person bedient werden. Bei einer derartigen Mehrmaschinenbedienung wird entsprechend auch nur eine Person in den Prozesskasten eingetragen, während an anderer Stelle, wie weiter unten beschrieben, die Anzahl der Maschinen dargestellt wird.

Die Anzahl der Maschinen, die in diesem Prozess vorhanden sind, gehört zu einer Reihe von Parametern, die unter den Prozesskästen aufgeführt werden und die den Prozess näher beschreiben. Einige dieser Parameter müssen bei einem Mapping

Abbildung 14: Prozess-Darstellung und Parameter

erfasst werden, weil sie für eine Identifizierung von Verschwendung unerlässlich sind. Andere Parameter werden dagegen nur fallweise benötigt.

Parameter zur Beschreibung der Prozesse

Zu den Parametern, mit denen die Verhältnisse in einem durch einen Prozesskasten dargestellten Prozess gekennzeichnet werden können, gehören zum Beispiel die Zykluszeit ZZ, die Bearbeitungszeit BZ, die Rüstzeit RZ, die Maschinenverfügbarkeit MV sowie die Verfügbare Arbeitszeit VA. Ergänzende Parameter sind Losgröße (manchmal findet man auch in einem Mapping schon die Angabe des so genannten „EPEI" - Every Part Every Intervall, auf das später eingegangen wird), Ausschussrate AR, Nacharbeitungsrate NAR, Zahl der Produktvarianten sowie Behältergröße und –typ und Anzahl Teile pro Behälter. Nicht alle dieser Parameter werden tatsächlich immer benötigt, und nicht alle Parameter können in der Praxis bei einem Mapping erfasst werden. Hier gilt es, schon bei der Aufnahme Verschwendung zu vermeiden und nur die Parameter zu erfassen, die ohne großen Aufwand bei einem Mapping direkt erkennbar sind und dargestellt werden können. Wenn sich später herausstellt, dass man weitere Parameter unbedingt benötigt, um entweder die Ist-Situation eingehender zu beschreiben oder ein Soll-Konzept genauer zu definieren, können diese im Nachhinein durchaus noch erfasst werden.

Im Folgenden werden die Parameter vorgestellt, die man bei einem Mapping nach Möglichkeit bereits im ersten Durchlauf erfassen sollte. Denn diese sind für die Ermittlung von Verschwendung bedeutsam und man kann sich mit ihrer Hilfe einen guten Überblick über die Zusammenhänge in der betrachteten Prozessbilanzhülle verschaffen.

Zykluszeit ZZ

Die Zykluszeit ist ein ganz wichtiger Parameter im Rahmen eines Mappings, wie später noch ausführlicher dargestellt wird. Es handelt sich um den Zeitabstand, in dem die einzelnen Teile in einem Prozess fertig gestellt werden. Wird beispielsweise bei einer Spritzgussmaschine alle 20 Sekunden ein Teil gespritzt, so beträgt die Zykluszeit eben diese 20 Sekunden. Verlässt jede zehn Sekunden eine bestückte Platine einen Bestückungsautomaten, so ist die Zykluszeit zehn Sekunden, und zwar unabhängig davon, wie lange die eigentliche Bestückung gedauert hat. Dieser Wert wird durch den Parameter Bearbeitungszeit BZ gekennzeichnet, der weiter unten beschrieben wird.

Zykluszeit wird beobachtet

Die Zykluszeit wird in einem Mapping durch reine Beobachtung ermittelt. Das bedeutet, dass an der Maschine oder der Arbeitsstation der Zeitabstand zwischen zwei fertig werdenden Teilen gemessen wird. Das sollte durchaus über einen längeren Zeitraum geschehen, so dass man einen einigermaßen zuverlässigen Wert bekommt. Die Zykluszeit darf nicht errechnet oder aus Systemwerten bestimmt werden. Sie soll sich durch die reine Beobachtung ergeben.

Zykluszeit ist ein Indikator

Es kommt bei der Bestimmung der Zykluszeit nicht darauf an, in letzter Genauigkeit zu messen. Das ist auch der Unterschied zu einer Zeitaufnahme nach REFA oder MTM. Während bei diesen Verfahren die exakte Aufnahme von Bedeutung ist, da anschließend an diesen Stellgrößen optimiert wird, ist bei einem Wertstrom-Mapping die Genauigkeit zunächst nicht entscheidend. Ziel ist es, sich später einen Überblick darüber zu verschaffen, ob der betrachtete Prozess die Anforderungen, die der Kunde bzgl. Auslieferungsrate an ihn stellt, tatsächlich erfüllt. Daher ist zunächst ein hinreichend genauer Wert, der sich aus der Beobachtung und einer einfachen Messung, zum Beispiel mit einer Stoppuhr ergibt, ausreichend.

Beispiel: Stanzprozess bei Metallfertigung

Hier ein Beispiel zur Verdeutlichung: Bei einer Metallfertigung wird bei einem Stanzprozess eine Zykluszeit von 10 Sekunden beobachtet. Das bedeutet, alle 10 Sekunden fällt ein fertiges Teil aus der Stanze in eine Gitterbox. Diese Gitterbox wird, wenn sie gefüllt ist, zum nächsten Prozess Bohren gebracht, wo zwei Löcher in die Teile gebohrt werden. Die Zykluszeit, die hier beobachtet wird, beträgt jedoch nur 8 Sekunden. Was bedeutet das? Zunächst bleibt lediglich festzustellen, dass beide Prozesse nicht im gleichen Rhythmus arbeiten. Der zweite Prozess ist, da „schneller" als der erste, möglicherweise nicht ausgelastet. Im vorliegenden Fall stellt man jedoch fest, dass sich immer wieder Gitterboxen vor dem zweiten Prozess stauen. Das deutet daraufhin, dass der zweite Prozess zwar schneller als der erste ist, aber möglicherweise nicht in der gleichen Zeit und vor allem in einem geringeren Zeitintervall arbeitet – also zum Beispiel häufiger Störungen aufweist. Eine Verkopplung beider Prozesse wäre nur möglich, wenn die Zykluszeiten aufeinander abgestimmt werden. Ziel ist hierbei nicht unbedingt, die Zykluszeiten zu beschleunigen, sondern einen gleichen Rhythmus zu erreichen – beide Prozesse arbeiten in gleichem Takt zur gleichen Zeit. Dieser Ansatz wird später noch einmal detailliert dargestellt.

Zykluszeit: Bezug auf produzierte Menge

Liegen Prozesse vor, die unregelmäßig laufen und keine einheitliche Zykluszeit aufweisen, wird dies vermerkt und gleichzeitig die Bandbreite der Zykluszeit angegeben. Auch die Gebinde-Einheit, deren Zeitabstand gemessen wird, muss angegeben werden. So bezieht sich im Standardfall die Zykluszeit auf ein Teil, das die Arbeitsstation verlässt. Es kann jedoch auch vorkommen, dass mehrere Teile gleichzeitig die Arbeitsstation verlassen, so zum Beispiel beim Spritzgießen mit Mehrfach-Werkzeugen. In diesem Falle wird die Zykluszeit jeweils für den Satz an Teilen

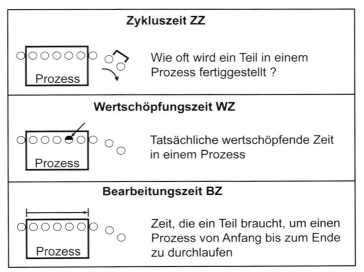

Abbildung 15: Verschiedene Zeiten bei der Prozessbeschreibung

gemessen, die gleichzeitig aus der Maschine kommen, und die Anzahl der zu einem Vorgang gehörenden Teile angegeben.

Ein weiterer Fall sind unterschiedliche Zykluszeiten bei verschiedenen Teilen oder Varianten. Hier werden, wenn nicht verschiedene Mappings erstellt werden, die unterschiedlichen Zeiten angegeben und ihr Bezug zu den unterschiedlichen Teilen aufgeführt. An dieser Stelle soll jedoch davor gewarnt werden, zu viele unterschiedliche Teile gleichzeitig in einem Diagramm darzustellen.

Bearbeitungszeit BZ

Durchlaufzeit für einen Prozess

Neben der Zykluszeit ist die Bearbeitungszeit bedeutsam, um einen Überblick über die Zusammenhänge in dem zu analysierenden System zu bekommen. Unter Bearbeitungszeit wird die Zeit verstanden, die ein Teil braucht, um einen Prozess vom Anfang bis zum Ende zu durchlaufen. Diese Zeit wird, ebenso wie die Zykluszeit, am laufenden Prozess gemessen und zwar durch Vor-Ort-Beobachtung. Am besten markiert man am Beginn des Prozesses ein Teil und misst die Zeit, bis dieses Teil den Prozess wieder verlässt. Die Bearbeitungszeit kann durchaus erheblich von der Zykluszeit abweichen. So ist beispielsweise bei einer Bestückungslinie, bei der Leiterplatten automatisch bestückt, gelötet und getestet werden, die Bearbeitungszeit möglicherweise zwei Stunden. Das bedeutet, dass eine leere Leiterplatte erst zwei Stunden nach ihrem Eintritt in den Prozess diesen bestückt und fertig verarbeitet verlässt. Die Zykluszeit kann aber durchaus im Bereich von nur zwei Minuten liegen. Das bedeutet dann, dass zwar alle zwei Minuten eine Leiterplatte die Linie verlässt, aber vorher zwei Stunden zur Bearbeitung gebraucht hat.

Zykluszeit und Bearbeitungszeit als wichtige Parameter

Beide Parameter sind bedeutsam, um ein Bild über die Flexibilität und Ansätze zur Vermeidung von Verschwendung zu bekommen. Es sollte tunlichst vermieden werden, die Bearbeitungszeit aufgrund von Vorgabe- oder Fertigungszeiten aus einem Planungssystem auszurechnen. Diese Zeiten sind oftmals nicht stimmig, da nicht immer aktuell gepflegt. Ebenso sollte nicht versucht werden, einen Zusammenhang zwischen Bearbeitungs- und Zykluszeiten sowie Stückzahlen und Anzahl Arbeitsstationen herzustellen. Lediglich die reine Beobachtung der Zusammenhänge ist notwendig und sinnvoll.

Es gibt noch einen weiteren Zeitbegriff, der im Wertstrom-Management eingeführt ist und gegebenenfalls verwendet wird: Die so genannte „Wertschöpfungszeit". Die Wertschöpfungszeit ist die Zeit, in der in einem Prozess tatsächlich Wertschöpfung betrieben wird. Es kann bei manchen Prozessketten durchaus sinnvoll sein, diese Zeit zu ermitteln, um ein Bild über das Verhältnis innerhalb eines Prozesses zu bekommen. Das gilt vor allem für verkettete Systeme, bei denen Teile über mehrere Stationen transportiert werden. Die Bearbeitungszeit ist, wie oben beschrieben, die Zeit, die ein Teil vom Anfang bis zum Ende benötigt. Sie kann sich aus wertschöpfenden (zum Beispiel bei der bereits angeführten Bestückungslinie das Bestücken von Leiterplatten oder das Löten) und nicht-wertschöpfenden Zeitanteilen (in dem Fall zum Beispiel Transportzeiten zum nächsten Arbeitsschritt) zusammensetzen. In der Regel wird diese Betrachtung aber erst zu einem späteren Zeitpunkt, wenn man bereits Ansätze für Verbesserungen gefunden hat, eingepflegt.

Zusammenhang: Zykluszeit und Bearbeitungszeit

Der Zusammenhang zwischen Zyklus- und Bearbeitungszeit kann sehr gut anhand einer Rundtaktmaschine dargestellt werden:
Ein Teil wird in ein Werkzeug eingelegt, das sich auf einem Teller befindet. Auf der gegenüberliegenden Seite des Tellers befindet sich ein weiteres Werkzeug. Dort steht auch der Bearbeitungsautomat, der eine wertschöpfende Tätigkeit an dem Teil vornimmt (zum Beispiel Stanzen oder Spritzen). Der Arbeitsverlauf eines Teils sieht nun beispielsweise wie folgt aus (Abbildung 16):

Beispiel: Rundtaktmaschine

1. *Das Teil wird eingelegt, Dauer fünf Sekunden.*
2. *Nach dem Einlegen dreht sich der Teller, und das Teil wird bearbeitet, Dauer 10 Sekunden.*
3. *Der Teller dreht sich erneut, und das Teil wird entnommen, Dauer fünf Sekunden.*

Während das Teil bearbeitet wird, sich also in Schritt zwei befindet, wird das vorher bearbeitete Teil entnommen und ein neues Teil eingelegt.

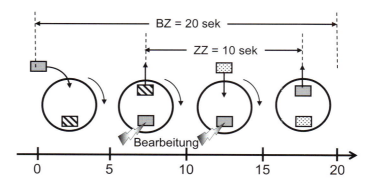

Abbildung 16: Zusammenhang Zyklus-/Bearbeitungszeit

Die Bearbeitungszeit eines Teils beträgt nun einen ganzen Zyklus – also die Summe der Schritte eins bis drei, somit 20 Sekunden. Die Zykluszeit beträgt zehn Sekunden, denn alle zehn Sekunden wird an Schritt drei ein fertiges Teil entnommen und verlässt den Prozess. Und schließlich beträgt die reine Wertschöpfungszeit zehn Sekunden – entsprechend der Dauer des Schrittes zwei.

Rüstzeit RZ

Rüstzeiten werden erfragt

Ein weiterer Parameter, der bei einem Mapping erfasst wird, ist die Rüstzeit. Hier wird dargestellt, wie viel Zeit für das Umrüsten an einer Maschine benötigt wird. Wichtig ist es dabei, die Zeit zu erfassen, in der die Maschine still steht. Es ist durchaus bedeutsam, dabei die durchschnittliche Anzahl der Rüstvorgänge zu erfragen und im Diagramm anzugeben. Beispielsweise kann die Aussage durchaus sein, dass bei einem Prozess pro Schicht drei bis fünf Rüstvorgänge auftreten und die Maschine pro Rüstvorgang ca. 10 Minuten blockiert ist. Oftmals sind die Rüstvorgänge unterschiedlich lang, in Abhängigkeit von der Komplexität des Werkzeugwechsels.

Beispiel: Rüstvorgänge an Spritzguss-maschine

Beispiel: Es ist ein Unterschied, ob bei einer Kunststoff-Spritzgussmaschine nur die Form bei sonst gleichem Material, die Farbe des Materials oder sogar beides gewechselt wird. Bei einem Farbwechsel müssen die Kanäle und Zuführungen gereinigt werden, und die Zeiten dafür sind auch noch abhängig von der Farbrichtung: Dunkel nach Hell dauert beispielsweise in der Regel länger als umgekehrt. Eine mögliche Darstellung der Rüstzeiten, wie sie bei einem Spritzprozess erfragt wurde, zeigt Abbildung 17.

Auch hier geht es nicht um exakte Zeiten, sondern um das Verständnis der Zusammenhänge. Detailanalysen können durchaus später nachgeschoben werden, wenn sich herausstellt, dass sie für die Verbesserung wichtig sind.

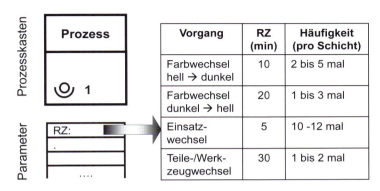

Abbildung 17: Darstellung Rüstzeiten

Keine Systemabfrage!

Die Rüstzeit wird, genau wie die oben genannten Zeiten, durch Befragen der am Prozess Beteiligten ermittelt. Die Abfrage von Zeiten aus einem Planungssystem sollte man tunlichst unterlassen, denn diese führt oftmals zu irreführenden Ergebnissen. Diese Zeiten sind nahezu durchgängig nicht gepflegt, und in der Praxis stellen sich die Verhältnisse anders dar: In der Planung vorgesehene Rüstvorgänge werden geändert, weil sich die Reihenfolge der Fertigungsaufträge ändert oder Fertigungsaufträge aus unterschiedlichsten Gründen unterbrochen werden müssen. Oder die tatsächlich benötigte Zeit variiert je nach eingesetztem Mitarbeiter aufgrund unterschiedlicher Qualifikation – einer der Hauptgründe für Abweichungen zwischen den Planwerten und den tatsächlichen Verhältnissen.

Maschinenverfügbarkeit MV

Zeiten und Zeiträume

Die Maschinenverfügbarkeit ist der Anteil an der Arbeitszeit, die eine Maschine zur Durchführung des Prozesses zur Verfügung steht. In der Regel wird dieser Wert in Prozent angegeben. So bedeutet eine Maschinenverfügbarkeit von 80 %, dass der Prozess während seiner Laufzeit zu 20 % steht und nicht wertschöpfend arbeiten kann – welche Verschwendung! Diese Stillstandszeit beinhaltet zum Beispiel Wartungsarbeiten und Maschinenanlauf, nicht jedoch Rüstzeiten. Die Rüstzeiten sind in der Maschinenverfügbarkeit von 80 % enthalten. Erfragt wird bei der Maschinenverfügbarkeit also der Zeitanteil, in dem die Maschinen arbeiten und Wertschöpfung erbringen könnte, ungeachtet der tatsächlichen Belegung und Auslastung.

Auch bei diesem Parameter gilt zunächst: Beobachten bzw. befragen und nicht aus dem System ableiten! Die Angaben dienen zuerst einmal dazu, einen Überblick zu bekommen. Detaillierte Analysen können dann später nachgeholt werden.

Beispiel: **Beispiel:** *In einer Fertigung mit drei Prozessschritten stellt sich heraus, dass der erste und letzte Arbeitsschritt jeweils eine Verfügbarkeit von 70 % haben, der zweite jedoch nur von 50 %. Das bedeutet, dass dieser Prozess häufiger ausfällt als der vor- und der nachgelagerte Prozess. Also muss sich vor dem zweiten Prozess immer wieder ein Teilestau bilden. Der dritte Prozess dagegen läuft immer wieder leer, wenn der zweite mal wieder ausgefallen ist. In der Praxis wird dann der zweite Prozess beschleunigt, und vermutlich hat er auch eine höhere Zykluszeit als die beiden anderen Prozesse. Wenn er dann arbeitet, werden die Teile schneller weggearbeitet als bei den anderen Prozessen. So entstehen Wellenbewegungen, die unter Umständen sich gegenseitig aufschaukeln. Eine kontinuierliche Bearbeitung, ein Fluss, ist gar nicht möglich.*

Beispiel: Fertigung mit drei Prozessschritten

Verfügbare Arbeitszeit VA

Schließlich muss noch die „Verfügbare Arbeitszeit VA" ermittelt werden. Dieser Wert gibt an, welcher Zeitraum überhaupt als mögliche Wertschöpfungszeit zur Verfügung steht. Dabei muss man zunächst herausfinden, was denn die bestimmende Größe für die Prozessdurchführung ist: Die Bedienperson oder die Maschine? Betrachtet man die Prozesse, deren Durchführung eine Person erfordert, dann bezieht sich die verfügbare Arbeitszeit auf diese Person. Es handelt sich dabei in der Regel um die Anwesenheitszeit der Personen, die den Prozess durchführen.

Maschinen- und Personalzeit

Beispiel: Montagelinie

So ist beispielsweise bei einer Montagelinie, die nur dann laufen kann, wenn Personen Montageprozesse durchführen, die verfügbare Arbeitszeit die Arbeitszeit der Mitarbeiter. Wenn zwei 15minütige Schichtpausen, eine 30minütige Essenpause sowie fünf Minuten

Wechselzeit vereinbart sind, beträgt die verfügbare Arbeitszeit, bei einer Grundanwesenheitszeit von 8 Stunden pro Schicht, 415 Minuten pro Schicht.

Anders sieht das bei den Prozessen aus, die nicht durch den Eingriff oder das Zutun des Personals bestimmt werden, sondern automatisch ablaufen. So ist beispielsweise bei einer Lackierstraße, die dreischichtig läuft und kontinuierlich bestückt wird, die verfügbare Arbeitszeit pro Tag dreimal acht Stunden, unabhängig davon, wann der Überwacher anwesend und wie seine Arbeitszeit ist.

Die Maschinenverfügbarkeit bezieht sich immer auf die verfügbare Arbeitszeit. Es gilt herauszufinden, welche Zeit überhaupt für Wertschöpfung zur Verfügung stehen könnte (verfügbare Arbeitszeit) und wie viel davon genutzt wird (Maschinenverfügbarkeit). Schwierig wird die Ermittlung bei Mehrmaschinenbedienung oder in den Fällen, wenn zum Beispiel Wartungszeiten außerhalb der verfügbaren Arbeitszeit erledigt werden.

Bei einer Mehrmaschinenbedienung ist die verfügbare Arbeitszeit der einzelnen Maschinen möglicherweise nicht mehr abhängig vom einzelnen Bediener. Das gilt insbesondere dann, wenn die Maschinenlaufzeit über den Schichtwechsel hinaus reicht. Das ist aber dann entsprechend der oben genannten automatischen Lackieranlage, denn die Maschine läuft auch ohne den direkten Eingriff der Bedienperson. Die verfügbare Arbeitszeit ist somit die Maschinenlaufzeit. Wartungsarbeiten, die regelmäßig durchgeführt werden, schlagen sich nicht in der verfügbaren Arbeitszeit, sondern in der Maschinenverfügbarkeit nieder.

Genauigkeit durch Beobachten ausreichend

Auch bei der verfügbaren Arbeitszeit erfolgt die Ermittlung der Parameter durch Nachfrage und Beobachtung. Natürlich sind die erfragten Werte in der Regel nicht sehr exakt. Aber für ein erstes Mapping reicht die Genauigkeit, die durch Beobachtung und Erfragen im Shop-Floor erreicht wird, vollkommen aus. Es ist ja gar nicht gesagt, dass hier das Verbesserungspotenzial liegt, das als erstes gehoben werden soll. Und wenn doch, dann kann immer noch genauer nachgefasst werden.

4.3 Materialfluss: Unterschiedliche Formen

Ein weiterer Bestandteil eines Wertstrom-Diagramms ist die Darstellung des Materialflusses zwischen den Prozessen. Die Form der Darstellung hängt davon ab, wie der Materialfluss organisiert ist und welcher Zusammenhang zwischen den einzelnen Prozessen besteht.

Push-Materialfluß

Der am häufigsten vorkommende Fall ist wie folgt: Die zu bearbeitenden Teile werden vom ersten Prozess zum nächsten Prozess gebracht und dort abgestellt. Dieses Verbringen kann durch die Bedienperson des ersten Prozesses erfolgen oder auch durch einen werksinternen Transportdienst. Diesen Mechanismus nennt man in der Wertstrom-Methode „Push-Prinzip", da die Teile zum nächsten Prozess quasi gedrückt werden. Charakteristisch für dieses Prinzip ist, dass das Material nicht zwischen den beiden Prozessen in kontrollierter Form eingelagert wird, sondern dem nachfolgenden Prozess sozusagen „vor die Tür" gestellt wird. Das kann in festgelegten Bereichen sein, hat aber keinen Buchungsvorgang zur Folge, wie dies bei einer Ein- und Auslagerung in einem Lager der Fall ist (Abbildung 18).

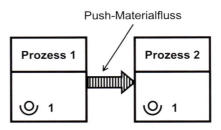

Abbildung 18: Push-Materialfluss

Push bedeutet „Suchen"

Der festgelegte Bereich muss nicht notwendigerweise in unmittelbarer Nähe des nächsten Prozesses sein. Oftmals finden sich in der Praxis Lösungen, bei denen die Teile vor einem Bereich in einer Art Bereitstellfläche gesammelt werden. Meist jedoch liegen die Teile bei einem Push-Materialfluss in räumlicher Nähe zum Folgeprozess. Das Bedienpersonal des Folgeprozesses muss sich die Teile, die dann als nächstes verarbeitet werden, dort heraussuchen. Das ist mit Suchaufwand verbunden.

Beispielsweise werden Kisten mit Teilen in eine Bereitstellungszone des nächsten Prozesses gebracht. Hier muss nun ein Bearbeiter aus einer Vielzahl dort wartender Kisten diejenige heraussuchen, die als nächstes zu bearbeiten ist. In der Praxis ist zu beobachten, dass der Bediener dabei die Reihenfolge der Bearbeitung zwischen den Fertigungsaufträgen verändert: Möglicherweise hat er nicht den Überblick über alle Aufträge, oder das Suchen dauert zu lange – oder er führt für sich eine „Vor-Ort-Optimierung" der Reihenfolge durch.

Der Push-Materialfluss, bei dem Teile dem nächsten Prozess hingestellt werden und dort die zu bearbeitenden Teile herausgesucht werden müssen, wird im Wertstrom-Mapping mit einem schraffierten Pfeil dargestellt, der von einem zum nächsten Prozess führt.

Auch FIFO ist Push

Es gibt beim Push-Materialfluss noch eine Variante: Möglicherweise werden zwar die Teile dem nächsten Prozess hingestellt, aber die Reihenfolge der Weiterverarbeitung ist klar festgelegt und auch nicht veränderbar. Einen derartigen Zwangsfluss findet man beispielsweise bei der Verknüpfung zweier Prozesse durch eine Rollenbahn oder ein Förderband. Die Teile, die den ersten Prozess verlassen, werden auf die Rollenbahn oder das Förderband gelegt und müssen in der gleichen Reihenfolge im nachfolgenden Prozess abgearbeitet werden. Eine Veränderung der Reihenfolge ist nicht möglich, höchstens ein Herausnehmen eines Teils. Diese Verknüpfung nennt man FIFO – First In First Out. Auch hier wird dem nächsten Prozess das Teil hingelegt oder gebracht, aber die Reihenfolge ist gleichzeitig festgelegt.

FIFO Varianten

Diese Verbindung wird durch einen mit „FIFO" (First In – First Out) beschrifteten Pfeil gekennzeichnet (Abbildung 19).

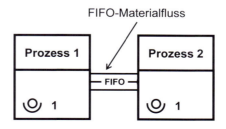

Abbildung 19: FIFO-Materialfluss

Bei einer Verkettung über eine Rollenbahn, ein Förderband oder eine andere technische Einrichtung ist die Verknüpfung klar erkennbar. Schwieriger ist es, wenn die Verknüpfung nicht unumgänglich ist, wie das folgende Beispiel zeigt: In einer mechanischen Bearbeitung werden die Gitterboxen auf Rollwagen vom ersten Prozess zu einer Bereitstellfläche vor dem nächsten Prozess gebracht, die auf dem Boden gekennzeichnet ist. Diese Fläche ist länglich, so dass gerade eine Gitterbox hinter die andere passt. Gedacht ist, dass die Gitterboxen an einer Seite hereingestellt und am anderen Ende durch den nächsten Prozess wieder entnommen werden. Das Problem besteht nun darin, dass die Rollwagen mit den Gitterboxen nicht von alleine weiterrutschen, sondern von hinten nach vorne geschoben werden müssen. Da sie außerdem seitwärts herausgenommen werden können, besteht die Gefahr, dass die Zwangsreihenfolge nicht eingehalten wird, sondern möglicherweise Gitterboxen übersprungen werden. Die Beobachtungen in der Praxis bestätigten diesen Verdacht: Je nach Zusammensetzung der wartenden Fertigungsaufträge, der Auslastung und anderer Gründe wurde die Zwangsreihenfolge ausgehebelt. Man spricht hier auch von einem „unechten FIFO", da die vorgesehene Bearbeitungsfolge in der Praxis durchbrochen werden kann (Abhilfe wären hier zum Beispiel Schienen entlang der Bereitstellfläche, so dass die Rollwagen nicht seitlich herausgefahren werden können).

FIFO ist nicht immer FIFO!

Gegebenenfalls muss man beobachten, ob es sich auch nur um einen FIFO-Materialfluss für Transportmittel oder wirklich für Fertigungsaufträge handelt.

Pull-Prinzip

Neben dem Push-Prinzip gibt es in der Wertstromfabrik das so genannte Pull-Prinzip. Dabei nimmt sich der nachfolgende Prozess die Teile aus einem Lager, in das sie vom ersten Prozess

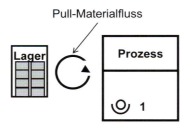

Abbildung 20: Darstellung eines Pull-Materialflusses

hineingebracht worden sind. Der verarbeitende Prozess zieht die Teile aus dem Lager. Für diese Entnahme aus einem Lager wird ein Halbkreis benutzt. Die genauen Einzelheiten zu diesem Pull-Prinzip, das in der Wertstromfabrik eine hohe Bedeutung hat, werden später beschrieben.

4.4 Bestände: Momentaufnahme oder Dauerzustand?

Bestände zählen

Bestände sind, wie in Kapitel 2.4 gezeigt, „sichtbare Verschwendung". In einem Wertstrom-Mapping werden Bestände sichtbar gemacht, und zwar durch ein Dreieck. Dieses „Warndreieck" beinhaltet ein „I" für „Inventory" und wird zwischen die Prozesse gezeichnet, wo Bestände zu finden sind. Gleichzeitig wird die Bestandshöhe quantifiziert, indem die Anzahl der lagernden Teile aufgeführt wird. Dies geschieht einfach durch Nachzählen, wobei es sinnvoll ist, die Verpackungseinheiten aufzuführen. Stehen beispielsweise zehn Gitterboxen mit jeweils 50 Teilen vor einer Arbeitsstation, so wird man neben dem Warndreieck diese Information aufführen (Abbildung 21).

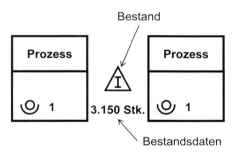

Abbildung 21: Darstellung von Beständen

Das Dreieck symbolisiert die Bestände zwischen aufeinander folgenden Prozessschritten. Dabei werden die Bestände hinter dem ersten Prozess und vor dem darauffolgenden Prozess addiert und durch ein Dreieck dargestellt. Abweichungen davon kann es geben, wenn die Lagerorte der Bestände weit auseinander liegen und das auch entsprechend ausgedrückt werden soll. Warten beispielsweise Behälter mit Teilen nach der Stanzerei auf ihren Weitertransport in die Montage und dort erneut, bevor sie letztendlich verarbeitet werden, so wird man möglicherweise ein Dreieck nach der Stanzerei und ein weiteres vor der Montage zeichnen, jeweils mit Angabe der dort lagernden Mengen. Unter

Umständen ist es auch sinnvoll, den Transport als eigenständigen Prozess darzustellen.

Bestände schwanken

Bestände in einer Produktion unterliegen Schwankungen und ändern sich im laufenden Betrieb. Daher erhebt sich immer wieder die Frage, welche Werte denn für die Quantifizierung der Bestände in einem Mapping herangezogen werden sollen. Ein Mapping ist zunächst eine Momentaufnahme, und daher werden die Bestandsmengen festgehalten, die zum Zeitpunkt der Aufnahme anzutreffen sind. Wie bei allen Momentaufnahmen kann das Bild verzerrt sein, und zwar in beide Richtungen: Eine große Menge an Teilen vor einem Prozess ist möglicherweise darauf zurückzuführen, dass die weiterverarbeitende Maschine defekt ist. Durch den Ausfall sind für einen längeren Zeitraum keine Teile in Wartestellung abgebaut worden. Aber auch die umgekehrte Situation kommt vor: Der erste Prozess ist ausgefallen, wodurch der nachfolgende Prozess alle wartenden Teile hat abarbeiten können und keine Teile mehr nachfolgen. In diesen Fällen muss man eine durchschnittliche „normale" Bestandssituation erfragen.

Bestände: Verlauf beobachten

Auch wenn keine Maschinenstörungen vorliegen, kann es zu starken Schwankungen und somit zu Verzerrungen in der Darstellung kommen: Der erste Prozess arbeitet viel schneller als der nachfolgende, dafür aber nur in einer Schicht, während der zweite in zwei Schichten arbeitet. Am Ende der ersten Schicht wird sich zwischen den beiden Prozessen ein hoher Bestand aufgebaut haben, nämlich genau das, was der zweite Prozess für die zweite Schicht benötigt. Am Ende der zweiten Schicht ist dieser Bestand abgebaut, möglicherweise sogar ganz eliminiert. Eine Momentaufnahme gegen Ende der ersten Schicht würde nun also ein genauso verzerrtes Bild wie eine Aufnahme am Ende der zweiten Schicht ergeben.

Diese Beispiele zeigen, dass man bei einem Mapping die augenblickliche Bestandssituation hinterfragen muss. Man wird dies vor Ort erledigen, indem man die beteiligten Mitarbeiter/innen fragt, ob die augenblicklich zu beobachtende Situation der Normalfall ist oder ob sich hier mehr oder weniger starke Schwankungen ergeben. Unter Umständen muss man mit dem erstellten Mapping mehrmals hintereinander den analysierten

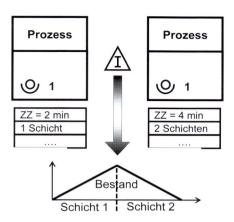

Abbildung 22: Bestandshöhe als Momentaufnahme

Bereich besuchen, um verschiedene Momentaufnahmen zu machen. Meist zeigt sich jedoch, dass die Angabe einer Schwankungsbreite ausreichend ist.

Push und Bestände treten zusammen auf

Grundsätzlich sollte man überall, wo Prozesse durch Push-Pfeile verbunden sind, nach Beständen fragen, auch wenn man zunächst keine wartenden Teile beobachtet. Immer dann, wenn zwei Bestände nicht verkettet sind und im gleichen Rhythmus laufen, sind Bestände anzunehmen.

Bestände sind Symptome

Bestände sind ein Zeichen dafür, dass Abläufe stocken und nicht synchronisiert sind. Daher ist zunächst die Erkenntnis wichtig, wo Bestände sind, in welcher ungefähren Höhe sie dort auftreten und ob die angetroffene Bestandssituation ein Normal- oder ein Sonderfall ist. Die Ermittlung der Höhe der Bestände muss keine akademisch exakte Datenerfassung sein. Da die Höhe schwanken kann, ist die Erfassung der Zusammenhänge wichtiger als die genaue Bestimmung der Bestandshöhe. Vermieden werden sollte in jedem Falle die Ermittlung von Beständen aus BDE- oder PPS-Daten. Das ist nicht zulässig, denn das Mapping umfasst nur die Daten, die sich aus der Beobachtung, quasi „unverfälscht", ergeben.

Oftmals findet man in Wertstrom-Mappings anstelle der Mengenangabe eine Information über die Reichweite dieser Bestände. Diese Information ist bei einer Aufnahme vor Ort nicht immer einfach zu erfahren und oftmals sehr fehlerbehaftet. Die Aussage, für welchen Zeitraum die aktuellen Bestände denn reichen, ist meist wenig fundiert und äußerst subjektiv.

Lager sind Bestände

Ein weitere Bestandsgröße sind Teile, die sich in organisierten Lagern befinden. Dazu gehören Lager innerhalb des Betriebes, wie zum Beispiel Lager mit Rohmaterial, Halbfertigwaren und Fertigwarenlager. Aber Lager außerhalb des Betriebes, wie zum Beispiel Distributionslager oder Konsignations- oder Abruflager beim Lieferanten, gehören dazu. Lagerformen können vielfältig sein: Regallager, Hochregallager in verschiedenen Formen, Bodenlager usw. Auch Kanban-Lager zählen zu diesen „organisierten Lagern". In der Regel werden diese Lager eingerichtet, da ein durchgängiger Fluss aus verschiedenen Gründen nicht erreicht werden kann. Auch wenn diese Lager organisiert sind, so sind sie allesamt nicht wertschöpfend und auch die hier gelagerten Mengen „sichtbare Verschwendung".

Im Mapping werden diese Lager zunächst wertfrei aufgenommen. Dabei gibt es zwei verschiedene Symbole für die Lager: Für klassische Lager das geschlossene Regal, für Kanban-Lager ein offenes Regal. In beiden Fällen werden die Bestände quantifiziert und dargestellt. Hier wird man gegebenenfalls eine Reichweite angeben und sich auf die Aussagen der Lagerverwaltung verlassen, denn das Zählen der eingelagerten Teile ist möglicherweise zu aufwändig.

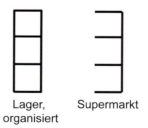

Abbildung 23: Darstellung von Lägern

4.5 Steuerung und Informationsfluss

Wer oder was steuert den Prozessablauf?

Die Aktivitäten, die zur Steuerung der Prozesse stattfinden, werden in einem Wertstromdiagramm im oberen Bereich dargestellt. Dazu wählt man einfache Kästchen, in denen die Steuerungsaktivitäten beschrieben werden. Beispiele für solche

Steuerungskästen sind „Erstellen Fertigungsauftrag", „Erstellen Schichtplan" oder einfach „Fertigungssteuerung". Gleichzeitig kann dargestellt werden, welche Information erzeugt wird. Das kann beispielsweise ein Fertigungsauftrag oder ein Schichtplan sein, vielleicht aber auch eine Dispositionsliste oder eine Bedarfsliste. In Abbildung 24 sind verschiedene Beispiele mit unterschiedlichen Inhalten und Darstellungsformen gezeigt.

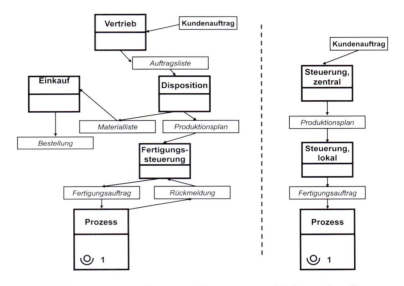

Abbildung 24: Darstellung von Steuerung und Informationsfluss

Eine immer wieder geführte Diskussion bei der Erstellung von Mappings ist die Frage, in welcher Detaillierungstiefe die Steuerungsabläufe denn dargestellt werden sollen. Darauf gibt es keine allgemeingültige Antwort, sondern nur eine Reihe von Leitlinien:

Detaillierungstiefe folgt Leitlinien

- Der Ablauf, wie Aufträge vom Kunden zum Fertigungsauftrag und schließlich zu einer Lieferung werden, sollte erkennbar sein, muss aber nicht in allen Einzelheiten dargestellt werden. So können beispielsweise die häufig anzutreffenden mehrstufigen Dispositionsschritte, durch die Marktabschätzungen letztlich zu Vorgaben für die Fertigung werden, durch ein Kästchen „Disposition" zusammengefasst werden. Auch müssen die einzelnen Arbeitsschritte einer Disposition nicht im Einzelnen dargestellt, sondern können zusammengefasst werden.

- Nicht immer ist es notwendig, den ganzen Steuerungsablauf darzustellen. Wenn man beispielsweise ein Mapping für eine Montagelinie durchführt, wird man nicht den ganzen Steuerungsablauf einschließlich Materialbestellung, Ressourcenplanung und Lagerabgleich darstellen. Hier wird man eine Schnittstelle bilden und den Bereich als ein Kästchen darstellen, der die für die Montagelinie relevanten Steuerungsinformationen erzeugt.
- Wichtig ist es, die Informationen und ihre Erzeuger zu benennen, durch die an den einzelnen Arbeitsprozessen Aktivitäten ausgelöst werden. Zu den unbedingt zu benennenden Informationen gehören zum Beispiel Fertigungs- und Montageaufträge, Dispositionslisten, Reihenfolgelisten, Schicht-, Tages- und Wochenpläne, Einsatzpläne, Belegungspläne und auch Versandlisten. Zu den üblicherweise bei einem Mapping anzutreffenden Erzeugern gehören Fertigungs- und Montagesteuerung, Arbeitsvorbereitung und Disposition.

Steuerung auch hier befragen!

Bei dem Erstellen des Steuerungsteils eines Mappings werden die Mitarbeiter/innen vor Ort gefragt, welche Informationen sie zur Steuerung ihrer Arbeit bekommen und wer diese Informationen generiert. Auch hier ist es wichtig, sich nicht auf (zum Beispiel im QM-Handbuch) schriftlich fixierte Abläufe zu verlassen, sondern in der Tat vor Ort nachzufragen. Die vorgelagerten Steuerungsabläufe wird man dann in den entsprechenden Abteilungen nachfragen.

Informationsträger darstellen

Die Informationen, die zu den einzelnen Prozessen bzw. zwischen den Steuerungsprozessen fließen, werden durch Pfeile dargestellt. Dabei hat sich eingebürgert, zwischen elektronischen (gezackter Pfeil) und nicht-elektronischen (gerader Pfeil) Informationen zu differenzieren. Das kann manchmal hilfreich sein, wenn die Schnelligkeit der Informationsweitergabe relevant ist. Oftmals spielt diese Differenzierung für das Erkennen von Verschwendung eine untergeordnete Rolle.

Neben der zentralen Generierung von Informationen, nach der dann Teile in einer bestimmten Reihenfolge durch einen Prozess bearbeitet werden, gibt es in der betrieblichen Realität noch

Steuerung vor Ort: „Die Brille"

einen zweiten Steuerungsmechanismus: Hierbei steuert der Prozess selber die Reihenfolge, in der die Bearbeitung stattfindet. Dies wird immer dann der Fall sein, wenn ein Prozess dem nachfolgenden Prozess die zu bearbeitenden Teile hinstellt (also eine „Push"-Verbindung) und keine weitere Bearbeitungsreihenfolge vorgegeben ist. Der nachfolgende Prozess muss sich dann aus der Menge der vor ihm stehenden Teile das als nächstes zu bearbeitende Teil heraussuchen. Diese Steuerungsfunktion wird mit einer Brille gekennzeichnet und in der Wertstromanalyse als „Go see"- oder auch „Go and See"-Steuerung bezeichnet.

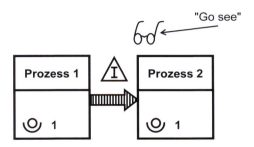

Abbildung 25: Lokale Steuerung von Prozessen

„Brille" ist Realität

Dieser Steuerungsmechanismus kommt häufig vor: Die Person, die einen Prozess bedient, wird sich aus den Aufträgen, die vor dem Prozess warten, den heraussuchen, der als nächstes zu bearbeiten ist. Das sollte dann auch so sein, muss aber nicht: Es können Fehler passieren, wenn zu viele Aufträge auf die Weiterbearbeitung warten und der Auftragsvorrat zu groß ist. Andererseits fehlt möglicherweise der Überblick und die Reihenfolge wird nicht unbedingt eingehalten. Oder sie wird nicht eingehalten, weil am Prozess eine erneute Optimierung der Reihenfolge stattfindet. Das ist zum Beispiel bei Prozessen mit häufigen oder aufwändigen Rüstvorgängen der Fall: Es wird versucht, die vor der Maschine wartenden Teile zu passenden Losen zusammenzufassen, um Rüstzeiten zu sparen oder auch gleiche aufeinander folgende Handgriffe zu bekommen. Warum diese lokale Optimierung im Rahmen des Wertstromansatzes zu einem Problem werden kann, wird später noch ausführlich beschrieben. Festzuhalten bleibt, dass immer dann, wenn Prozesse lokal gesteuert werden, eine Brille eingezeichnet wird.

Push bedeutet Steuerung

Es gibt einen Zusammenhang zwischen Steuerung und Materialfluss: Bei einer „Push"-Verknüpfung zweier Prozesse, die nicht fest verbunden sind, muss der nachfolgende Prozess immer von irgendwo eine Steuerungsinformation bekommen. Diese Information kann von einem übergeordneten Steuerungsprozess kommen oder auch lokal, also als Brille gekennzeichnet, generiert werden. Sind die beiden Prozesse über FIFO fest verbunden, so benötigt der nachfolgende Prozess keine weitere Steuerungsinformation. In dem Falle werden die Teile in der Reihenfolge abgearbeitet, in der sie eintreffen.

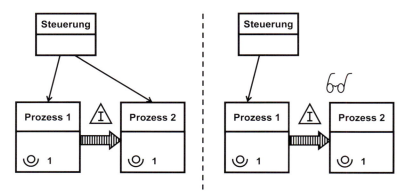

Abbildung 26: Zusammenhang Materialfluss und Steuerung

4.6 Kennwerte und Zahlen

Verschwendung messen

Im unteren Bereich eines Mappings werden die Bearbeitungs- bzw. Wartezeiten dargestellt. Dazu wird als Symbol eine oszillierende Linie gewählt, und zwar so, dass der untere Teil unter den Prozessen und der obere Teil unter den Beständen verläuft. In den unteren Teil werden die Bearbeitungszeiten der einzelnen Prozesse gezeichnet, während der obere Teil die Reichweite der Bestände zwischen den Prozessen darstellt.

Die Bearbeitungszeit der einzelnen Prozesse wird aus den Datenfeldern der Prozesse entnommen und meist in Sekunden angegeben. Die Reichweite der Bestände ergibt sich aus dem Kundenbedarf, dividiert durch die jeweilige Bestandsgröße. Dieser Kundenbedarf entspricht der Menge, die seitens der Kunden pro Tag abgenommen wird. Dabei handelt es sich um einen durchschnittlichen Wert für das betrachtete Teil. Es kann

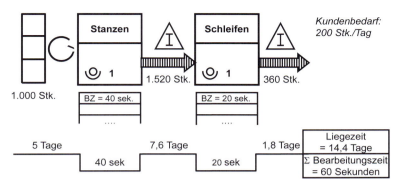

Abbildung 27: Kennwerte im Mapping

durchaus sinnvoll sein, auch eine Betrachtung der Mindest- und Maximalwerte anzufügen, wodurch sich unterschiedliche Reichweiten ergeben. Das ist insbesondere dann der Fall, wenn starke Schwankungen im Abnahmeverhalten seitens der Kunden vorliegen. Lagerbestände werden im Übrigen in gleicher Form in Reichweiten umgerechnet.

Liegezeiten haben größten Zeitanteil

Durch Aufaddieren der jeweils oberen und unteren Werte ergeben sich die gesamte Liegezeit des betrachteten Bereichs sowie die eigentliche Bearbeitungszeit in den Prozessen. Diese beiden Werte klaffen üblicherweise weit auseinander, und Relationen von 1:100 und mehr sind keine Seltenheit.

Die beiden Werte sagen aus, wie lange ein Teil, das in die Prozesskette eingesteuert wird, braucht, bis es diese Kette wieder verlässt. Das kann man sich so vorstellen, dass das Teil eine Markierung bekommt, wenn es den betrachteten Bereich betritt. Dieses Teil wird beobachtet, und seine Durchlaufzeit wird gemessen – und die genannten Werte sind das Ergebnis. Die Werte sind natürlich das Ergebnis einer Momentaufnahme, die sich in einem anderen Augenblick durchaus anders darstellen kann. Daher ist es, wie oben beschrieben, sinnvoll, gegebenenfalls eine Minimal-Maximalwert-Betrachtung durchzuführen. Oder es werden mehrere Mappings zu unterschiedlichen Zeitpunkten durchgeführt, bei denen dann verschiedene Belastungssituationen vorliegen.

Letztlich handelt es sich bei den Werten um signifikante Kenngrößen, keine absoluten Messwerte. Diese Werte werden zunächst dazu benutzt, überhaupt ein greifbares Bild der Prozessketten und ihrer Auftragsabwicklung zu bekommen. Sinnvoll ist es, sie als Kennwerte heranzuziehen, um Veränderungen zu verdeutlichen und darzustellen. Dazu wird die Belastungssituation festgehalten und dokumentiert, um während eines Veränderungsprozesses die gleichen Werte bei gleichen oder ähnlichen Situation zu ermitteln und zu vergleichen. Später wird noch intensiv auf das Thema „Kennzahlen zur Erfolgsmessung" eingegangen, wozu dann auch die beiden in einem Mapping dargestellten Werte zählen werden.

Kennwerte als Anhaltspunkt

4.7 Wertstrom-Analyse heißt „sehen lernen"

Die genaue Einteilung des Diagramms, die Darstellung der beobachteten Zusammenhänge und die Wiedergabe von Besonderheiten eines Ablaufes sind eine Frage der Routine und des „Sehvermögens". Daher wird man mit wiederholter Erstellung von Wertstrom-Diagrammen auch immer mehr Übung bekommen. Dennoch gibt es einige Hinweise, deren Berücksichtigung bei der Erstellung von Diagrammen hilfreich sein kann.

Erkennen durch Beobachten

Wir sind gewohnt, einen Fertigungsfluss vom Wareneingang bis zum fertigen Produkt anzusehen. „Sehen lernen" heißt auch, eingefahrene Wege zu verlassen, und in diesem Falle hat sich die Betrachtung eines Ablaufes in umgekehrter Richtung, also vom fertigen Produkt zum Eingangsmaterial, bewährt. Damit wird zum einen der Gedanke der Ausrichtung am Kunden manifestiert, zum anderen bekommt man bei einer umgekehrten Betrachtung in der Tat ein ganz anderes Bild als gewohnt. Blockaden im Wertstrom werden so schneller erkannt, und vor allem werden Zusammenhänge zwischen Steuerung und Ablauf schneller sichtbar. Beispielsweise wird auf diese Weise schnell klar, wenn die Reihenfolgeplanung bei einem Arbeitsschritt durch die Mitarbeiter/innen vor Ort geschieht (also im Diagramm als Brille gezeichnet). Die Frage „Wo kommen die Teile vor der Maschine her?" ist oft zielführender als die Frage „Wo gehen die Teile nach der Maschine hin?".

Wertstromdiagramme werden immer zunächst von Hand und mit Bleistift gezeichnet – und das aus gutem Grund. Man zeichnet die Wertstromdiagramme nach Möglichkeit vor Ort, und sie sind Bestandteil der Diskussion unter den Beteiligten. Daher

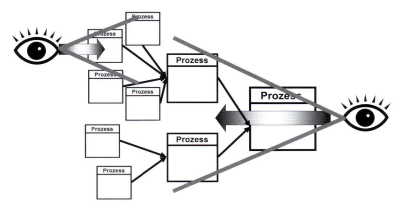

Abbildung 28: Betrachtung „von hinten"

werden sie, während man sie zeichnet, oft verändert. Bei der Informationsdichte, die Wertstromdiagramme haben, bietet sich ein Bleistift als Zeichenmedium an.

Meistens werden Wertstromdiagramme zunächst auf einer Metaplantafel gezeichnet, die direkt am Ort des Geschehens aufgestellt wird. Das ermöglicht allen Beteiligten, direkt mitzudiskutieren und ein Bild zu entwickeln, das von allen am Wertstrom Beteiligten mitgetragen wird.

Mapping mit Papier und Bleistift

Es gibt eine Reihe von Programmen, mit denen man Wertstromdiagramme erstellen und zeichnen kann. Die sind auch sinnvoll, und zwar zum Beispiel für die Dokumentation und die nachherige Weiterbearbeitung sowie für das Versenden von Wertstromdiagrammen an die einzelnen Teilnehmer eines Projektes. Aber für die erste Analyse sollte man grundsätzlich Papier und Bleistift nehmen. So wie ein Designer, der zunächst einmal eine Bleistiftskizze erstellt und diese dann vielleicht mit dem Computer zu Papier bringt.

Zunächst Schnelldurchgang

Verschaffen Sie sich einen Überblick, bevor Sie mit der detaillierten Prozessanalyse beginnen. Dieser Schnelldurchgang durch den vollständigen Wertstrom sollte von „Rampe zu Rampe" durchgeführt werden, also den kompletten Betrachtungsbereich umfassen. Dabei ist lediglich das Verschaffen eines Überblicks das Ziel, nicht jedoch eine detaillierte Betrachtung. Die erfolgt dann im nächsten Schritt. Bei diesem Schnelldurchgang sollte im

Übrigen auch das Prinzip „von hinten nach vorne", also mit dem fertigen Teil zu beginnen, beachtet werden.

Mapping bedeutet: Ein Bild erstellen

Weiterhin sollen alle Informationen selber durch Beobachten und Befragen beschafft und aufgenommen werden. Die Wertstromanalyse zeichnet sich dadurch aus, dass alle Informationen vor Ort aufgenommen werden. Das gilt auch und insbesondere für Daten wie Bearbeitungs- und Durchlaufzeiten, Bestände und Mengengerüste. Es kommt beim Mapping nicht darauf an, dass Daten hundertprozentig exakt ermittelt werden. Zunächst soll ein Eindruck ermittelt werden, der die tatsächlichen Verhältnisse vor Ort widerspiegelt. Das Heranziehen dieser Daten aus den vorhandenen Systemen kann dann zu einem späteren Zeitpunkt, wenn es an die Ausarbeitung von Soll-Konzepten geht, notwendig werden. Dann wird man gegebenenfalls die im Mapping ermittelten Fragen genauer analysieren müssen. Man überprüft aber in diesem Fall nur die Daten, die für eine weitere Konzeption benötigt werden und nicht alle Zahlen, die man aus dem System heraus generieren könnte.

Keine detaillierte Datenanalyse beim Mapping

Erfassungsblatt hilft

Nach dem Schnelldurchgang werden die einzelnen Prozesse aufgenommen. Dazu kann man die Erfassungsformulare, wie in Abbildung 29 gezeigt, verwenden, mit denen man vor Ort die Prozesse notiert und dann zu einem großen Bild zusammenfügt.

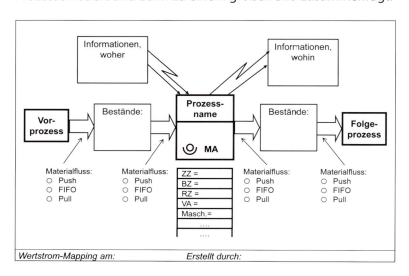

Abbildung 29: Formular zur Prozesserfassung

Reihenfolge beim Erstellen eines Mappings

Wenn ein Mapping erstellt wird, muss zunächst die Bilanzhülle festgelegt werden. Die Klärung der Frage, wer denn der Kunde ist, steht am Anfang. Dann folgt die Einigung auf Anfang und Ende der Prozesskette. Erst dann kann die Anzahl der Prozesse bestimmt werden und eine Einteilung des Blattes erfolgen. Diese Einteilung ist aus praktischen Erwägungen wichtig, denn zu wenig Platz auf dem Blatt ist genauso ärgerlich als wenn sich herausstellt, dass die Prozesskästchen zu eng gezeichnet oder Platz verschenkt wurde, und dass deshalb Detailinformationen nicht mehr untergebracht wurden.

Zuerst der Kunde, dann die Prozesse

Anschließend folgt die Darstellung der einzelnen Elemente eines Mappings. Eine bewährte Reihenfolge beginnt mit dem Kunden, gefolgt von den Prozesskästen und dem Materialfluss. Zunächst sollen die Zusammenhänge erkennbar werden, dann erst die Details wie Prozesskennwerte und Bestandshöhen. Lager und Lieferanten runden dann das Bild ab. Schließlich folgt die Darstellung der Steuerung, und zwar in der Form, dass zunächst die Funktionen, dann die ausgetauschten Informationen und Dokumente und schließlich der Informationsfluss dargestellt werden. Zum Schluss erfolgt die Darstellung der Kennwerte im unteren Bereich des Mappings.

Mapping nahe am Untersuchungsbereich

Das Zusammenfügen der Prozesse zu einem Bild geschieht am besten, wie schon erwähnt, in unmittelbarer Nähe des betrachteten Bereichs. So ist es möglich, bei Unklarheiten direkt nachzufragen und diese zu klären. Die Gruppe, die ein Mapping durchführt, sollte so zusammengesetzt sein, dass alle berührten Verantwortungsbereiche vertreten sind. Das bedeutet, dass neben dem oder den Verantwortlichen für die operativen Produktionsprozesse auch Verantwortliche für die Steuerung, die Disposition, die Lagerwirtschaft und den innerbetrieblichen Transport, den Einkauf und gegebenenfalls auch für den Vertrieb an dem Mapping mitarbeiten sollten.

4.8 Beispiele für Mappings

Im Folgenden werden zwei Beispiele für Mappings dargestellt: Ein Beispiel aus dem „täglichen Leben" sowie ein Fall aus dem industriellen Umfeld. Am Ende des nächsten Kapitels werden für beide Fälle mögliche Soll-Zustände aufgezeigt.

Der Bäckereibetrieb

Beispiel: Prozessse eines Bäckereibetriebs

Im ersten Fall handelt es ich um einen Bäckereibetrieb mit einer „Backstube", einem Hauptgeschäft neben der Backstube und drei Filialen, in verschiedenen Ortsteilen. Das Brötchenbacken erfolgt in der Backstube, und zwar in den frühen Morgenstunden, von etwa 3:00 bis 6:00 Uhr. In der Backstube sind vier Mitarbeiter/innen beschäftigt.

Die Brötchen werden von der Backstube in Körben in das Hauptgeschäft zum Verkauf gebracht. Die Belieferung der Filialen erfolgt mit zwei Lieferwagen. Eine Filiale ist ca. 30 Minuten Fahrtzeit entfernt, die anderen können hintereinander angefahren werden, wofür auch etwa 30 min benötigt werden. Die Lieferwagen werden von den Mitarbeitern/innen gefahren, die vorher in der Backstube tätig waren.

Gegen Mittag wird der noch vorhandene Bestand an Brötchen in den Filialen telefonisch abgefragt. Bei Bedarf wird nochmals eine Lieferung Brötchen nachgebacken, und zwar durch den Bäcker und einen Gehilfen, der die Brötchen dann auch ausliefert. Nicht verkaufte Brötchen werden am Ende des Tages eingesammelt und zu Paniermehl verarbeitet.

Wer ist hier der Kunde?

Hier ist zunächst die Frage zu klären, wer der Kunde ist. Ist es die Filiale als Kunde der Backstube? Oder ist es der Brötchenkäufer als Kunde der gesamten Prozesskette? Beide Ansätze sind zunächst legitim. Sie unterscheiden sich bezüglich ihres Betrachtungswinkels. Im ersten Fall wird man „nur" die Kette vom Rohmaterial bis zum fertigen Brötchen betrachten und später auch optimieren können. Im zweiten Fall dagegen liegt eine weitreichendere Bilanzhülle vor, nämlich die gesamte „Supply Chain" vom Rohmaterial zum Endkunden.

Im Folgenden werden beide möglichen Mappings gezeigt. In beiden Fällen muss man sich überlegen, welche und wie viele Prozesse dargestellt werden, wie die Verbindung zwischen den Prozessen aussieht (Materialfluss) und wie diese gesteuert werden.

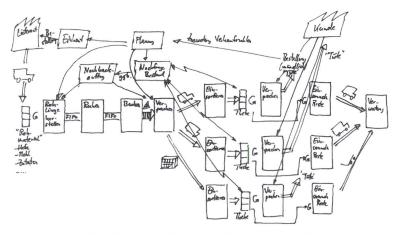

Abbildung 30: Mapping „Bäckereibetrieb"

Herstellung von Pumpen

Beispiel: Pumpenfertigung mit Varianten

Ein Pumpenhersteller fertigt Pumpen in vier Varianten. Die Hauptkomponenten sind Gehäuse, Schlussdeckel, Antriebsdeckel und eine Reihe von Zukaufteilen. Die Pumpen sind Standardprodukte, die von einem Versandlager abverkauft werden. Die Kundenaufträge gehen beim zentralen Vertrieb ein, der die weiteren Schritte veranlasst. Der Ablauf im Produktionsprozess ist wie folgt:

Rohwaren und Zukaufteile werden zentral angeliefert und in das Rohwaren- bzw. Montagelager eingelagert, dort auch gebucht. Die Antriebs- und Schlussdeckel sowie Gehäuse werden mechanisch bearbeitet. Die Deckel durchlaufen die Prozesse: Drehen, Bohren und Schleifen. Die Gehäuse werden gefräst, geschliffen und gereinigt. Nach der mechanischen Bearbeitung werden die Teile in das Montagelager eingelagert und ebenfalls gebucht.

Die Montage besteht aus einer Vor- und einer Hauptmontage. Die Mitarbeiter/innen in der Vormontage kommissionieren die Teile selber aus dem Montagelager. Das bedeutet, dass sie eine Information über die zu montierenden Teile bekommen und die benötigten Teile selbst aus dem Vormontage-Lager abholen. Sie montieren die Baugruppen und bringen sie anschließend zur Hauptmontage. Dort werden sie solange vor den Montageplätzen gelagert, bis sie in der Hauptmontage benötigt werden.

Nach der Montage werden die Produkte in das Versandlager eingelagert und dort gebucht. Bei Vorlage eines Kundenauftrags werden die Pumpen vom Versand aus dem Lager entnommen und versandfertig verpackt.

Die Kundenaufträge werden durch den Vertrieb im ERP-System angelegt. Die zentrale Auftragssteuerung, von der die Produktion geplant wird, greift auf die Daten im ERP-System zurück. Diese Daten sind zum einen die anstehenden Aufträge, zum anderen die aktuellen Lagerbestände. Für alle Lager sind Mindestbestände festgesetzt. Aus dem Abgleich von vorhandenen Beständen und Bestellungen sowie Mindestgrößen und Fertigungszeiten werden ein Bedarf an neu zu fertigenden Produkten errechnet (Nettobedarfsrechnung) und Fertigungs- und Montageaufträge ausgelöst.

Gehäuse und Deckel werden durch die Logistik-Mitarbeiter in die Halle „mechanische Bearbeitung" transportiert und dort gesammelt bereitgestellt. Die Bearbeitungsreihenfolgen werden nicht vorgegeben. In der mechanischen Bearbeitung liegt der Fertigungsauftrag in Papierform auf der Ware.

In Abbildung 31 ist das Mapping dieser Prozesskette dargestellt. Auch hier wurde zunächst festgelegt, wer der Kunde ist und wie viele Prozessschritte die Kette umfasst. Danach wurden die Materialflüsse zwischen den Prozessen ermittelt, dann die Steuerung und der Informationsfluss.

In der Beschreibung des Beispiels ist zunächst keine Aussage über die Kennwerte der Prozesse und die anzutreffenden Bestandshöhen gemacht. Die im Mapping eingetragenen Werte sind durch Beobachtung der Produktion und Montage erfasst und sollen beispielhaft zeigen, wie diese Werte aufgenommen werden.

Um die Kennwerte bzgl. des Durchlaufs zu ermitteln, muss der Kundenbedarf bekannt sein. Wir gehen in dem vorliegenden Beispiel davon aus, dass der Kundenbedarf bei 100 Pumpen pro Tag liegt. Die Division der ermittelten Bestandswerte durch diesen Kundenbedarf ergibt dann die Liegezeit. So ist vor der Hauptmontage beispielsweise ein Bestand von 50 Pumpen beobachtet worden. Bei dem genannten Bedarf von 100 Pumpen pro Tag ergibt sich somit eine Liegezeit von 0,5 Tagen.

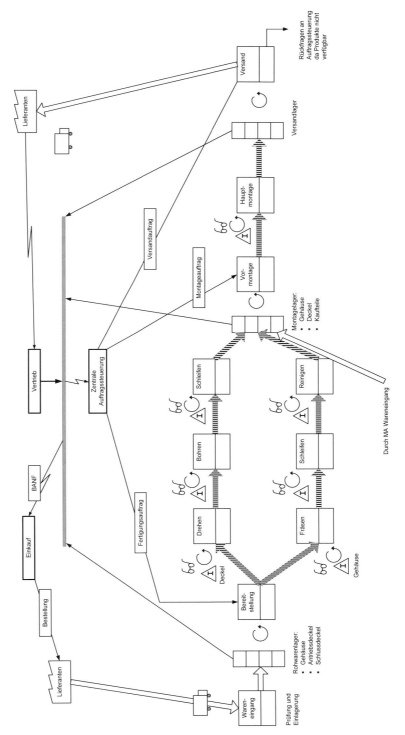

Abbildung 31: Mapping „Herstellung von Pumpen"

4.9 Mapping bei einer variantenreichen Produktion

Sonderfälle beim Mapping

In einem Betrachtungsbereich mit wenigen unterschiedlichen Teilen, die eine geringe Variantenvielfalt aufweisen, kann leicht ein einzelnes Mapping für den gesamten Bereich durchgeführt werden. Schwieriger wird es, wenn der Bereich von einer Vielzahl unterschiedlicher Teile mit hoher Varianz durchlaufen wird, die unter Umständen nicht einmal alle Prozessschritte berühren.

Beispiel: Starke Schwankungen bei der Stückzahl

Ein Beispiel ist in Abbildung 32 gezeigt: Bei der Herstellung von Antriebselementen variiert die Stückzahl der einzelnen Produkte sehr stark und reicht von Einzelfertigungen bis hin zu Kleinserien. Ebenso variiert die Größe der einzelnen Teile. Dementsprechend unterschiedlich ist die Zykluszeit, die zwischen fünf und 20 Minuten liegt. An einzelnen Maschinen, die technologisch oder kapazitiv einen Engpass darstellen, sammeln sich verschiedenste Teile. Durch die fertigungstechnische Clusterung der Maschinen verteilen sich die Teile fächerförmig auf viele weitere Maschinen. Die Belegungspriorität an den einzelnen Maschinen muss bei jedem Arbeitsgang neu ermittelt werden.

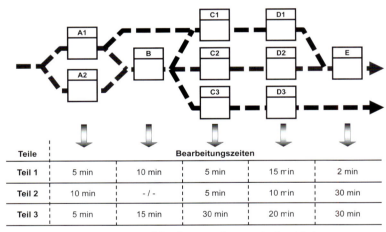

Teile			Bearbeitungszeiten		
Teil 1	5 min	10 min	5 min	15 min	2 min
Teil 2	10 min	- / -	5 min	10 min	30 min
Teil 3	5 min	15 min	30 min	20 min	30 min

Abbildung 32 Durchlauf von Teilen mit hoher Varianz

Produkt-Prozess-Matrix

Derartige Strukturen lassen sich zweifelsohne nicht mehr in einem einzigen Mapping abbilden. Man greift daher einzelne Fälle heraus, die für eine bestimmte Gruppe an Teilen typisch und repräsentativ sind, und erstellt einzelne, jeweils auf den spezifischen Fall bezogene, Mappings. Um die Cluster zu bestimmen, die dann durch einzelne Teile repräsentiert werden können, wird eine so genannte „Produkt-Prozess-Matrix" erstellt. Dabei werden die verschiedenen Teile den einzelnen Prozessen im betrachteten Bereich gegenübergestellt und gekennzeichnet, welche Teile welche Prozesse durchlaufen (Abbildung 33).

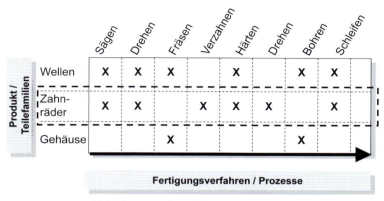

Abbildung 33: Produkt-Prozess-Matrix

Prozess-Cluster

Bei der Auswahl der Cluster ist es in vielen Fällen notwendig, auch die Stückzahlen, in denen die Teile produziert werden, mit zu berücksichtigen. Dazu bietet sich die Durchführung einer klassischen ABC- oder Pareto-Analyse an (hier nicht näher beschrieben, da zum Standard-Repertoire einer jeden Restrukturierung gehörend). Die Gruppierung der Produkte nach ähnlichen Prozessfolgen in so genannte Produkt-Cluster ist dann der nächste Schritt, durch den auch die Anzahl der durchzuführenden Mappings vorgegeben wird. Dabei gibt es eine Reihe von Kriterien, nach denen die Cluster gebildet werden können, und die oftmals miteinander kombiniert werden. Dazu zählen zum Beispiel:

- Prozesse, die durchlaufen werden
- Dimensionierung der Teile (Größe, Gewicht, Geometrie)
- Stückzahlen
- Bearbeitungszeiten
- benötigte Materialien

Separate Mappings für verschiedene Fälle

Für jedes definierte Cluster wird ein separates Mapping erstellt. Diese Mappings werden anschließend verglichen, um Gemeinsamkeiten und Abweichungen festzustellen. Häufig zeigt sich in der Praxis, dass quantitative Werte wie Bestände, Zyklus- oder Bearbeitungszeiten zwar voneinander abweichen, grundsätzliche Zusammenhänge und vor allem Ursachen für Verschwendung aber bei den unterschiedlichen Clustern gleich oder zumindest ähnlich sind. Auch bei der späteren Entwicklung einer Vision und eines Soll-Konzeptes wird gegebenenfalls mit den unterschiedlichen Mappings weitergearbeitet, wobei sich Lösungsansätze oft genug dann auf alle Fälle übertragen lassen.

4.10 Weitere besondere Fälle beim Mapping

Mapping nicht nur bei Serienfertigung

Bei der Produktion großer Serien lassen sich die in den vorigen Kapiteln dargestellten Elemente eines Mappings in der Regel problemlos erfassen und darstellen. Bestände können gezählt und Zyklus- wie auch Bearbeitungszeiten beobachtet werden. Im vorigen Kapitel wurde das Vorgehen für die Betrachtungsbereiche mit hoher Teile- und Variantenvielfalt gezeigt. Es gibt jedoch noch andere Fälle, die sich durch bestimmte Besonderheiten auszeichnen und für die entsprechende Anpassungen beim Mapping hilfreich sind. Zu nennen sind dabei vor allem drei immer wieder vorkommende Produktionsstrukturen:

- Produktion in Kleinserien oder von Einzelstücken
- Herstellung von großen Maschinen und Anlagen, die möglicherweise Standplatz-gebunden erfolgt
- Produktion in Form einer kontinuierlichen Fertigung, zum Beispiel in der Prozessindustrie

In allen Fällen kann ein Mapping vom Ablauf her genauso durchgeführt werden wie bereits beschrieben. Allerdings gibt es immer wieder zwei Fragestellungen, durch die sich die oben genannten Fälle vom Serienfall unterscheiden:

- Wie werden Bestände erfasst und Wartezeiten definiert?
- Wie werden Zykluszeiten bestimmt und dargestellt?

Mapping bei Einzelfertigung

Die Erfassung von Beständen bei einer Einzel- und Kleinserienproduktion erfolgt genauso wie beschrieben. Allerdings kann natürlich nicht dargestellt werden, welche Mengen dieses einen Teils vor einem Prozess liegen, sondern nur, wie viele Teile insgesamt auf ihre Weiterverarbeitung warten. Die Wartezeit, die später für die Bestimmung der Durchlaufzeit wichtig ist, kann nicht mehr über einen durchschnittlichen Kundenverbrauch errechnet werden, sondern muss durch Befragung ermittelt werden. Ähnliches gilt für die Zykluszeit: Diese kann bei einer Kleinserie noch ermittelt werden, jedoch nicht mehr bei einer Einzelproduktion. In diesem Fall wird lediglich die Bearbeitungszeit, nach Möglichkeit mit Minimal- und Maximalwerten, dargestellt. Interessant ist jedoch auch die Darstellung einer rein rechnerisch ermittelten Zykluszeit: Dabei wird die Anzahl der durch den betrachteten Prozess bearbeiteten Teile pro Zeitraum durch diesen Zeitraum dividiert. Man erhält so zumindest einen Ansatzpunkt, in welchem Zyklus diese den Prozess verlassen müssten.

Mapping in einer Standmontage

Bei einer an den Standplatz gebundenen Bearbeitung, zum Beispiel der Montage einer großen Maschine, müssen zunächst die Prozesse genau definiert werden. Das sind dann im Fall der Maschinenmontage die einzelnen, aufeinander folgenden Montageprozesse. Zwischen diesen Prozessen kann zwar kein Bestand definiert werden, denn das ist ja die Maschine, wohl jedoch eine Wartezeit beim Übergang von einem auf den nächsten Prozess. Ebenfalls nicht möglich ist die Beobachtung einer Zykluszeit für jeden Montageprozess, wohl aber einer Bearbeitungszeit. Natürlich können und sollen in einem Mapping die Bestände der zuliefernden Prozesse, also zum Beispiel zu montierende Baugruppen oder Einzelteile, dargestellt werden, ebenso wie die Steuerung der einzelnen Prozessschritte. Ein Beispiel für ein derartiges Mapping ist in Abbildung 34 gezeigt.

Bei einer kontinuierlichen Fließfertigung sind die Zykluszeiten durch den Parameter „Ausbringung pro Zeit", zum Beispiel l/sek,

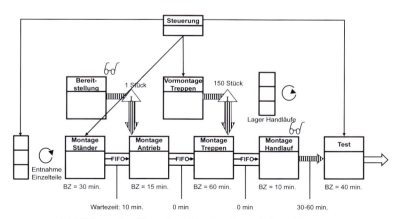

Abbildung 34: Mapping für eine Standplatz-Montage

beschreibbar. Dieser Wert ist möglicherweise nicht durch Beobachten zu ermitteln, sondern muss durch Nachfragen errechnet werden. Ähnliches gilt für Bestände: Oftmals sind zwischen Prozessen Behälter vorgesehen, in denen Material zwischengepuffert wird – zum Beispiel, weil es auf eine Freigabe für die weitere Verarbeitung durch die Qualitätssicherung oder das Freiwerden bestimmter Anlagen wartet. Bei derartigen Anlagen hilft die Vorstellung, dass man sich an eine Volumeneinheit bindet und den Durchlauf dementsprechend aufzeichnet.

4.11 Verschwendung ermitteln: Kaizen-Blitze als letzter Schritt des Mappings

Kaizen-Blitze zeigen Verschwendung

Der letzte Schritt eines Mappings, bevor die Entwicklung einer Vision begonnen wird, ist die Kennzeichnung von Verschwendung sowie der Punkte, die Verschwendung auslösen und verursachen. Dies erfolgt mit Hilfe so genannter „Kaizen-Blitze", die an den Punkt gezeichnet werden, wo Verschwendung auftritt. Übliche Ansatzpunkte sind dabei:

- Bestände zwischen den Prozessen, vor und hinter den Prozessketten
- Zu hoher Steuerungsaufwand und verloren gegangener Bezug zum Kundenauftrag, somit häufig Überproduktion oder zu frühe Produktion
- Steuerung durch „Go see", also lokale Reihenfolgeplanung
- Abweichende und untereinander nicht synchronisierte Zykluszeiten
- Unterschiedliche und miteinander konkurrierende Planungsgrundlagen und –strategien, also zum Beispiel unterschiedliche Schicht-Regime innerhalb eines Bereichs, Wechsel der Losgrößenbildung etc.
- Unnötiger oder zu hoher Transportaufwand, vor allem im Weitertransport zum nächsten Prozessschritt, aber auch bei der Entnahme von Teilen aus einem Lager
- Zu lange Warte- und Liegezeiten vor oder nach einzelnen Prozessen, zum Beispiel aufgrund zu langer Qualitätsprüfzeiten
- Generell alle Punkte, wo Verschwendung erkennbar ist

Kaizen-Brainstorming

Abbildung 35 zeigt das Beispiel eines Mappings mit eingezeichneten Kaizen-Blitzen. In einem Brainstorming mit allen am Mapping beteiligten Personen wurde versucht, in der oben aufgeführten Reihenfolge Verschwendung zu identifizieren. Dabei ist erkennbar, dass in dem aufgezeigten Ablauf eine Vielzahl von Verschwendungspunkten auftreten. Es empfiehlt sich, diese durchzunummerieren und in einer Tabelle aufzulisten. Wenn dann später ein Soll-Zustand entwickelt worden ist, kann anhand dieser Tabelle überprüft werden, welche Verschwendungspunkte in welchem Maße behoben werden. Auch ist erkennbar, dass einige der Punkte bereits durch Sofortmaßnahmen beseitigt werden können.

Als Beispiel sei Kaizen-Blitz Nr. 11 genannt: Hier wird voneinander losgelöst zuerst verpackt, dann werden die Pakete weitergeschoben und in einem zweiten Schritt mit einem Etikett versehen. Dadurch entstehen zwischen den beiden Prozessen Bestände und somit Wartezeiten. Durch eine geeignete Gestaltung des Bereichs sowie die entsprechende Schulung der Mitarbeiter/innen könnte man beide Prozesse zusammenführen und als FIFO-Linie organisieren: Das Produkt wird verpackt, das Paket direkt mit dem passenden Etikett versehen. Dadurch verkürzt sich die Durchlaufzeit, es entstehen keine Bestände und ein Verschwendungspunkt wird eliminiert.

Vorsicht bei Ad-hoc-Maßnahmen!

Mit diesen oftmals als „Ad-hoc-Maßnahmen" bezeichneten Verbesserungsansätzen sollte man allerdings vorsichtig umgehen, da sie schnell den Blick für die wirklich wesentlichen Verbesserungen im Rahmen einer Vision und eines Soll-Konzeptes verstellen.

Die erstellte Liste mit den identifizierten Blitzen sollte auch enthalten, ob es sich nach Meinung des Wertstrom-Teams um ad hoc lösbare Problembereiche handelt oder um solche, die erst durch ein Soll-Konzept oder gar erst eine Vision gelöst werden können. Die Entscheidung darüber ist in der Regel erst nach der Erarbeitung der entsprechenden Vision und des Soll-Konzeptes möglich. Die Liste hilft auch, die später erzielten Verbesserungen anhand der beim Mapping festgestellten Verschwendung zu messen.

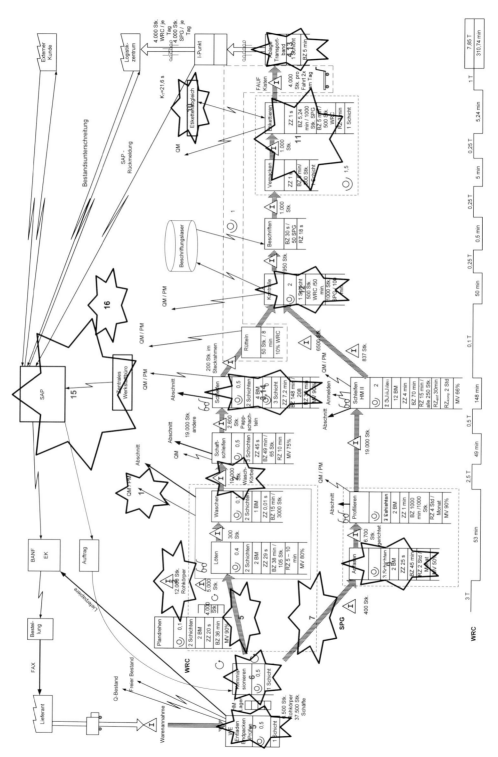

Abbildung 35: Kaizen-Blitze als Kennzeichnung von Verschwendung

5. Wertstrom-Design: Vom Ist zum Soll

Nachdem mithilfe der im vorigen Kapitel beschriebenen Systematik und den entsprechenden Symbolen ein Mapping erstellt worden ist, beginnt der Weg der Gestaltung des zukünftigen Zustandes. Natürlich wird man bei einem Mapping schnell Schwachstellen erkennen und einzeichnen können – der Weg zu einer Vision und einem darauf aufbauenden Soll-Zustand soll sich jedoch nicht nach dem „gesunden Menschenverstand" richten, sondern einer Systematik folgen, die letztlich zu einer verschwendungsarmen Umgebung führt. In den folgenden Kapiteln werden die Grundlagen einer wertstromorientierten Gestaltung beschrieben. Es wird aufgezeigt, wie man mit einem Mapping als Ausgangsbasis zu Vision und Soll-Zustand und letztlich einem am Wertstrom orientierten System kommt.

Mit Systematik zum Soll

5.1 Leitlinien für den Weg vom Ist zum Soll

Das Ziel einer Wertstrombetrachtung ist das Erkennen von Verschwendung und die Ableitung von Lösungen, um diese Verschwendung zu beseitigen. Wirtschaftlichkeit, Effizienz und Flexibilität sollen letztlich erhöht werden. Dazu muss ein Ablauf gestaltet werden, der schlank und wertstromorientiert ist. Diese Gestaltung einer Zielstruktur geschieht indem konsequent eine Reihe von bewährten Prinzipien und Regeln angewendet wird. Eine Beschreibung erfolgt im weiteren Verlauf dieses Kapitels.

Anwendung bewährter Regeln

Neben den Prinzipien und Regeln gehören auch einige Leitlinien zur Vorgehensweise. Ein wichtiger Punkt ist die Vorgabe, sich zunächst auf Standardfälle zu fokussieren und danach erst Sonderfälle zu betrachten. Viele gute Lösungsansätze wurden in der Vergangenheit dadurch zunichte gemacht, dass die immer wieder auftretenden Sonderfälle als Maßstab genommen wurden. Einfache Lösungen wurden schon in der Entstehungsphase dadurch kaputtgeredet, weil die Übertragung auf die Sonderfälle nicht klappte. Im Wertstromansatz wird durch die Fokussierung auf die Standardfälle erreicht, dass hier entwickelte Lösungen zunächst zu Ende entwickelt und gestaltet werden können. Meist bleibt dann genügend Raum zur Abbildung der Sonderfälle. Kommt in einer Produktion neben einer Großserie auch die Fertigung von Kleinserien, z.B. Ersatzteilen, vor, so wird im

Rahmen des Wertstromansatzes zunächst die Großserie betrachtet. Erst wenn hier eine Lösung gefunden ist, wird die Kleinserie miteinbezogen. Zum einen wird durch diese Vorgehensweise die Suche nach einer Lösung für den Hauptstückzahlträger nicht beeinträchtigt. Zum anderen finden sich, wenn der Standardfall sauber konzeptioniert und umgesetzt ist, oftmals auch einfache Lösungsansätze für Sonderfälle.

Ausrichten an Zielen und Visionen

Ein ganz wichtiger, wenn nicht sogar der wichtigste Punkt bei der Entwicklungen von Lösungen im Rahmen des Wertstromansatzes ist die Ausrichtung an Zielen und Visionen, nicht an Schwierigkeiten und Hürden. Wir neigen häufig dazu, bei neuen Wegen zunächst die Steine zu sehen, die auf dem Weg liegen, und das Ziel aus den Augen zu verlieren. Beim Einsatz von Wertstrom-Management werden zunächst Ziel und Vision erarbeitet, ohne sich Gedanken zu machen, welche Schwierigkeiten es denn geben könnte, dieses Ziel zu erreichen.

Beispiel: Lackieranlage zur Herstellung von Antrieben

Beispiel: Ein Unternehmen stellt Antriebe her, die aus einem Gehäuse und einem entsprechenden Innenleben bestehen. Die Antriebe werden montiert und anschließend in unterschiedlichen Farben lackiert. Dieser Arbeitsschritt geschieht in einer Lackieranlage, die natürlich entsprechende Losgrößen erfordert, da ein Umrüsten von einer Farbe auf eine andere Farbe aufwändig ist und Zeit- bzw. Ressourcenverlust bedeutet. Um die entsprechende Losgrößenbildung für die Lackieranlage durchführen zu können, müssen Absatzmengen definiert werden, was dann entsprechende Überlegungen seitens des Vertriebs erfordert. Aus der täglichen Praxis ist bekannt, dass derartige Planungen oftmals einem Blick in die Glaskugel gleichkommen und sich immer wieder ändern können. So auch im vorliegenden Fall: Die Antriebe werden in großen Losen, die eine wirtschaftliche Auslastung der Lackierung ermöglichen und die anhand der Vertriebsplanung eingesteuert werden, hergestellt und eingelagert. Nach einiger Zeit stellt man fest, dass die Bestände wachsen, da sich die Prognosen des Vertriebs nicht in der geplanten Form haben realisieren lassen. Die falschen Farben und Typen liegen auf Lager, und die eigentlich benötigten stehen nicht zur Verfügung.

Im Rahmen eines Wertstromprojektes wurde die Idee geboren, die Lackierung vor der Montage durchzuführen. Dann bräuchte man

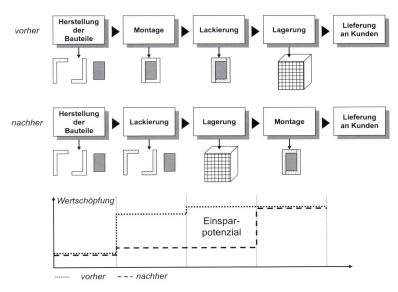

Abbildung 36: Beispiel „Ausrichtung an Zielen und Visionen"

lediglich die Gehäuseteile zu lackieren und auf Lager zu legen. Diese stellen eine deutlich niedrigere Wertschöpfungsstufe dar, als ein fertig montierter Antrieb. Die Innenteile des Antriebs, die nicht lackiert werden, könnten dann ebenfalls auf Lager gelegt werden, aber für alle verschiedenfarbigen Antriebe genutzt werden. Somit wäre der Lagerbestand und vor allem der Lagerwert deutlich gesenkt – und das bei gleicher oder sogar gestiegener Flexibilität. Wenn nun die Montage noch in die Lage versetzt würde, einen „One-Piece-Flow" in kürzester Durchlaufzeit zu realisieren, so könnte auf den Bedarf der Kunden, die teilweise eben nur ein Stück ordern, entsprechend reagiert werden. Montiert würde dann erst bei vorliegendem Kundenauftrag.

Erste Reaktion: Das geht nicht!

Dieser Vorschlag stieß in der Gruppe zunächst auf heftige Ablehnung, und zwar mit der Begründung, dass das gar nicht ginge. Bei der Montage würden die lackierten Teile beschädigt, da zum Beispiel versteckte Schrauben zu montieren seien, und der Lack das Handling in der Montage nicht aushalten könne. Nichtsdestotrotz hat man sich dann an den Zielen und Visionen ausgerichtet und sich nicht von Schwierigkeiten und Hürden leiten lassen. Ein Ergebnis des Wertstrom-Projektes war dann ein Teilprojekt: Zum einen sollte der Antrieb so umkonstruiert werden, dass keine Beschädigungen durch versteckt liegende Schrauben und abrutschende Schraubendreher mehr möglich waren. Zum anderen sollten entsprechend härtere und widerstandsfähigere Lacke gesucht und eingesetzt werden. Es dauerte fast ein Jahr, bis entsprechende Lösungen gefunden waren. Das Ergebnis war eine deutlich wirtschaftlichere und vor allem flexiblere Montage.

> ▸ Fokussierung auf das Wesentliche
>
> ▸ Undenkbares denken
>
> ▸ Vorhandenes - auch Bewährtes - in Frage stellen
>
> ▸ Schrittweise denken, Problemkreise entzerren
>
> ▸ Dennoch Zusammenhänge berücksichtigen
>
> ▸ Einfachheit und Klarheit suchen

Abbildung 37: Leitlinien bei der Erarbeitung von Lösungen

Mehrere Durchläufe erforderlich

Die Erarbeitung von Soll-Zuständen und Visionen wird nicht immer direkt im ersten Anlauf zu brauchbaren oder letztlich befriedigenden Ergebnissen führen. Daher ist es notwendig, mehrere Durchläufe vorzusehen. So können die einmal erarbeiteten Ergebnisse hinterfragt und erneut optimiert werden. Eine Pause zwischen den Optimierungsschleifen führt oft zu verbesserten Ergebnissen. Bei einem erneuten Durchlauf fallen oft Zusammenhänge und Lösungsmöglichkeiten auf, die zunächst nicht erkennbar waren.

5.2 Grundlegende Gedankenansätze und Gestaltungsbereiche

Lösungen schrittweise erarbeiten

Wie erfolgt nun der Weg von einem Ist-Zustand zu einer verschwendungsfreien Vision? Jeder, der bereits mit einem Mapping gearbeitet hat, wird die Versuchung kennen, auf Basis dieses Mappings und der entsprechenden Schwachstellen an einer Lösung zu „basteln". Der gesunde Menschenverstand ist zwar sicherlich hilfreich, stellt aber keine systematische Lösung dar. Daher haben sich in beim Wertstrom-Management bestimmte Gestaltungsbereiche herauskristallisiert, die systematisch durch- und abgearbeitet werden. Das Ziel hierbei ist, Schritt für Schritt den Ist-Zustand aufzulösen und eine Vision zu erarbeiten, und das in einer systematischen und nachvollziehbaren Form. Es zeigt sich dabei in der Praxis immer wieder, dass die Befolgung einer schrittweisen und systematischen Vorgehensweise zu ganz neuen Lösungsansätzen führt, die möglicherweise sonst nicht gefunden worden wären.

Wertstromprinzipien

Die Gestaltungsbereiche, die systematisch durchgearbeitet werden, heißen beim Wertstrom-Management: Rhythmus und Fluss, Steuerung und Sequenz, Prozesse und Hilfsmittel. Dahinter verbergen sich Prinzipien des Wertstrom-Ansatzes, die letztlich zu einer verschwendungsfreien Produktion führen (Abbildung 38).

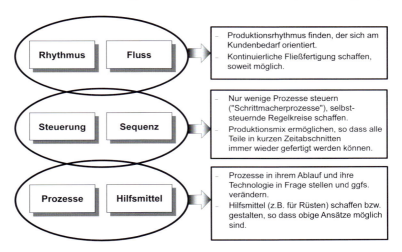

Abbildung 38: Gestaltungsbereiche und Prinzipien

Rhythmus und Fluss

Herzschlag der Produktion

Ziel des Wertstrom-Management ist, einen Produktionsrhythmus zu finden, der sich am Kundenbedarf orientiert. Gleichzeitig soll eine kontinuierliche Fließfertigung geschaffen werden, so weit es in dem Produktionssystem möglich ist. Dazu müssen natürlich zunächst die Fragen beantwortet werden, in welchem Rhythmus die Prozesse ablaufen und wie ein kontinuierlicher Fluss für das betrachtete System denn aussehen könnte.

Steuerung und Sequenz

Verschwendungsfrei bedeutet unter anderem, möglichst wenig Aufwand für die Steuerung der Prozesse betreiben zu müssen.

Steuerungs-aufwand minimieren

Das heißt, dass man versucht, möglichst wenige Prozesse zu steuern und selbststeuernde Regelkreise zu schaffen. Dazu muss geklärt werden, welche Prozesse in dem vorliegenden System gesteuert werden können beziehungsweise gesteuert werden müssen. Mit dieser Frage geht die Zielsetzung einher, einen Produktionsmix zu schaffen, so dass alle Teile in kurzen Zeitabschnitten immer wieder gefertigt werden können. Hier ist die Frage interessant, in welcher Reihenfolge Aufträge in die Produktion eingesteuert werden.

Prozesse und Hilfsmittel

Technik anpassen

Mit Wertstrom-Management werden nicht nur Abläufe umgestaltet. Auch technische Prozesse werden in Frage gestellt und müssen möglicherweise verändert werden. Das bedeutet, dass man sich bei der Entwicklung einer Vision auch mit der Technik der durchgeführten Prozesse vertraut machen muss, um diese möglicherweise neu zu gestalten. Hilfsmittel müssen bei verschwendungsfrei gestalteten Abläufen möglicherweise umgestaltet, vielleicht auch neu entwickelt werden. Dazu gehört nicht nur das Thema Rüsten, wie später noch im Detail beschrieben wird, sondern auch Bereiche wie Materialanlieferung, Arbeitsplatzgestaltung, Handhabung etc.

In den folgenden Kapiteln werden diese Gestaltungsbereiche und die dahinter liegenden Prinzipien sowie Denkansätze Schritt für Schritt durchgearbeitet. Für die verschiedenen Anwendungsfälle gibt es keine universellen Lösungen. Aber es gibt grundsätzliche Gedankenansätze und Merkmale, die in wertstromgerecht gestalteten Lösungen immer wieder anzutreffen sind.

5.3 Kontinuierlicher Fluss als Ziel

Bestände sind sichtbare Verschwendung – diese These wurde in den vorangegangenen Kapiteln intensiv besprochen und dargestellt. Bestände rühren daher, dass der Fluss zwischen den einzelnen Prozessen nicht kontinuierlich, sondern unterbrochen ist. Ein unterbrochener Fluss bedeutet Liege-, Leerlauf- und Wartezeiten. Gleichzeitig entsteht, wie bereits dargestellt, ein erhöhter Steuerungsaufwand. Ein unterbrochener Fluss bedeutet daher Unwirtschaftlichkeit. Ein kontinuierlicher Fluss

Ablauf ohne Unterbrechung bedeutet hingegen, dass keine Unterbrechung des Ablaufes stattfindet. Somit treten geringe Bestände auf, die Ressourcen werden gleichmäßig genutzt und der Steuerungsaufwand weitestgehend minimiert. Produktionsbereiche, in denen der Ablauf zwischen den Prozessen kontinuierlich ist, zeigen eine deutlich ruhigere Arbeitsatmosphäre als Bereiche, in denen der Fluss unterbrochen ist. Gleichzeitig weisen sie die gleiche, wenn nicht sogar höhere Ausbringung auf, bei einer höheren Flexibilität und deutlich geringeren Durchlaufzeit.

Kontinuierlicher Fluss bedeutet, dass Aufträge, die in einer bestimmten Reihenfolge am Anfang in die Prozesskette hinein gegeben werden, auch in dieser Reihenfolge die Prozesskette wieder verlassen. Die einfachste Form, einen kontinuierlichen Fluss zu erreichen, ist die Verkettung der Prozesse über einen festen Transportweg, zum Beispiel über eine Rollenbahn. In diesem Fall müssen die Aufträge in der vorgegebenen *Reihenfolge beibehalten* Reihenfolge weiter bearbeitet werden. Lösungen dieser Art sind insbesondere dann zu finden, wenn mehrere Arbeitsschritte in kurzer Reihenfolge aufeinander folgen. Hier ist nicht die Auslastung einzelner Arbeitsschritte das primäre Gestaltungskriterium, sondern die Aufeinanderfolge und Abarbeitung mehrerer Arbeitsvorgänge. Typische Bereiche sind Montagevorgänge. Auch bei der Bestückung von Leiterplatten und in der Elektronikfertigung findet man solche starren Verkettungen (Abbildung 39).

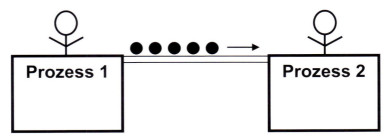

Abbildung 39: Verkettung von Prozessen

Prozesse können auch über eine direkte Weitergabe ohne physische Verkettung zusammengeführt werden. In diesem Fall muss sichergestellt werden, dass die Reihenfolge der Aufträge auch tatsächlich eingehalten wird. Lösungsansätze sind zum Beispiel die Kennzeichnung von Materialbereitstellungszonen, in denen die zu bearbeitenden Teile hintereinander abgestellt werden. Bei

Verkettung schafft Reihenfolge

einer geschickten Gestaltung derartiger Bereiche kann auch hier sichergestellt werden, dass die Teile tatsächlich in der Reihenfolge abgearbeitet werden, in der sie in die Prozesskette eingesteuert worden sind.

Verkettung und Fluß

Das letzte Beispiel zeigt, dass die reine Verkettung von Prozessen alleine zwar eine klare Bearbeitungsreihenfolge, aber nicht notwendigerweise einen kontinuierlichen Fluss schafft. In der Praxis wird bei der Gestaltung von Produktionsabläufen häufig das Thema Verkettung mit einem kontinuierlichen Fluss gleichgesetzt. Bei der beschriebenen Kennzeichnung von Bereichen werden zwar die zu bearbeitenden Teile in einer festen Reihenfolge abgestellt und in dieser Folge auch weiter bearbeitet. Dadurch wird der Steuerungsaufwand für eine Reihenfolge-Planung erheblich reduziert. Es entstehen jedoch Bestände in durchaus nennenswertem Umfang. Auch bei einer starren Verkettung von Produktionsprozessen, zum Beispiel über Rollenbahnen, sind durchaus Bestände anzutreffen. Abbildung 40 zeigt, welche Folge eine derartige Verkettung über feste Rollenbahnen und die dabei entstehenden Bestände haben kann.

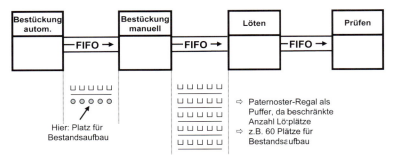

Abbildung 40: Starre Verkettung und Bestände

Fluß erfordert gleichmäßigen Rhythmus

Die Verkettung von Prozessen alleine reicht also nicht aus, um einen kontinuierlichen Fluss mit möglichst geringen Beständen und minimierter Verschwendung zu erreichen. Ein kontinuierlicher Fluss erfordert über die Verkettung hinaus einen gleichmäßigen Produktionsrhythmus, an dem sich alle Prozesse orientieren. Erst wenn alle Prozessschritte in diesem gleichmäßigen Rhythmus laufen, kann tatsächlich ein kontinuierlicher Fluss erreicht werden. Die Prozesse in einem kontinuierlichen Fluss arbeiten „Hand in Hand". Erst wenn diese Synchronisation der einzelnen Prozesse in einer Kette erreicht ist, werden vor den einzelnen Prozessschritten keine Bestände mehr auftreten.

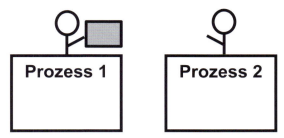

Abbildung 41: Kontinuierlicher Fluss: „Hand in Hand"-Arbeiten der Prozesse

Idealfall: One-Piece-Flow

Im Idealfall eines kontinuierlichen Flusses wird jedes Teil einzeln von einem Prozess zum nächsten Prozess weiter geschoben und bearbeitet. In diesem Fall spricht man von einem „One-Piece-Flow". In der Praxis ist dieser Fall oft jedoch nicht erreichbar. Aus verschiedenen Gründen, die im Folgenden noch näher betrachtet werden, kann oftmals nicht nur ein Stück weitergereicht, sondern die Teile müssen zu kleinen Paketen zusammengefasst werden. Dabei ist zu beachten, dass diese Pakete immer im gleichen Rhythmus durch die Produktion laufen. Im besten Falle beinhalten diese Pakete nur wenige Teile, zum Beispiel eine Palette mit vier zu montierenden Teilen. Es kann jedoch durchaus vorkommen, dass diese Pakete aus größeren Stückzahlen bestehen - zum Beispiel ein Behälter mit 100 zu bearbeitenden Schrauben. Oftmals wird im Rahmen eines Soll-Konzeptes diese Paketgröße festgelegt, um sie dann im Laufe der weiteren Umsetzung schrittweise zu reduzieren.

Betrachtet man die Durchlaufzeit als maßgebliche Größe, so ist der One-Piece-Flow die beste Lösung: Ein Teil, das in die Prozesskette eingesteuert wird, verlässt diese nach einer festen Zeit, nämlich Anzahl der Prozessschritte mal jeweiliger Bearbeitungszeit, wieder. Bei höheren Paketgrößen muss das Teil immer warten, bis die anderen Teile des Paketes fertig bearbeitet sind, bevor es weiterverarbeitet wird (Abbildung 42).

Ein möglicher Weg, um einen kontinuierlichen Fluss zu erreichen, ist die Aufhebung der Zuordnung des Werkers zum Arbeitsplatz. Stattdessen wandern Teil und Werker gemeinsam

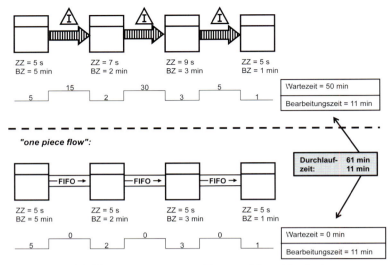

Abbildung 42: One-Piece-Flow und Durchlaufzeit

Zuordnung Werker: Arbeitsplatz verändern

die Prozesskette entlang. Das Teil wird an einer Station bearbeitet und anschließend vom Werker selber zur nächsten Station gebracht, wo es von der gleichen Person weiterverarbeitet wird. Dieses Vorgehen kann durchaus über eine ganze Reihe von Prozessschritten erfolgen. Solche Konzepte werden auch als „Running Line" bezeichnet und lassen sich in verschiedensten Ausprägungen und Gestaltungsformen entwickeln. So kann man durchaus auch verschiedene Kreisläufe miteinander verkoppeln und ausgefeilte Abläufe schaffen. Ziel ist immer, Material und Teile in der Prozesskette im Fluss zu halten und jeden Stillstand zu vermeiden.

Ein derartiges Konzept erfordert natürlich die komplette Neugestaltung der bisherigen Arbeitsschritte sowie eine deutliche Erhöhung der Qualifikation des Bedienpersonals. Dagegen stehen die Vorteile: Deutlich erhöhte Flexibilität bezüglich des Einsatzes von Arbeitskräften, deutlich erhöhte Wirtschaftlichkeit sowie die

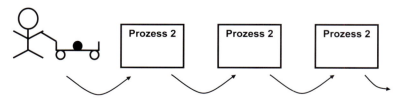

Abbildung 43: Zuordnung „Werker zum Teil"

Neugestaltung der Arbeitsschritte   Möglichkeit, verschiedene Bearbeitungszeiten in einen Ablauf zu integrieren. Insbesondere im Bereich einer mehrstufigen Montage von Teilen mit unterschiedlichen Varianten bieten sich solche Lösungsmöglichkeiten an.

Feste Reihenfolge   Ein Grundprinzip einer schlanken Produktionskette ist, die zu bearbeitenden Teile in einer festgelegten Reihenfolge in die Prozesskette einsteuern zu können und sie nach einer klar definierten Zeit am Ende der Kette in der gleichen Reihenfolge fertig bearbeitet zu erhalten. Eine so organisierte schlanke Produktionskette benötigt nur einen geringen Steuerungsaufwand. In den einzelnen Prozessschritten muss kein Aufwand dafür betrieben werden, diese Schritte zu steuern. Wie die Steuerung in einer schlanken Produktionskette funktioniert und wo die Grenzen der Bildung einer solchen Kette liegen, wird noch ausführlich dargestellt.

Zuverlässigkeit ist wichtig   Bei einer derartigen Verkettung von Prozessschritten führt der Ausfall eines einzelnen Schrittes zwangsläufig zu einer Blockade der ganzen Prozesskette. Die Zuverlässigkeit der einzelnen Prozessschritte bekommt somit im Rahmen eines kontinuierlichen Flusses eine besondere, ja sogar eine herausragende Bedeutung. Daher finden sich Ansätze wie Total Productive Maintenance (TPM) in nahezu jedem schlanken Produktionssystem, wo ein kontinuierlicher Fluss realisiert werden soll. Der Ansatz ist, nicht reaktiv auf Störungen zu warten, sondern pro-aktiv die Verfügbarkeit der Maschinen und Einrichtungen sicherzustellen und zu verbessern. Dabei stehen, wie bei allen Ansätzen der schlanken Produktion, die Mitarbeiter im Mittelpunkt. Information, Transparenz, Schulung und Standards geben den Rahmen für Eigeninitiative aller Beteiligten. Der geführte Verbesserungsprozess sorgt für gute Ergebnisse bei der Maschinenverfügbarkeit.

Bevor jedoch überhaupt mit der Bildung einer schlanken Produktionskette und der Schaffung eines kontinuierlichen Flusses begonnen werden kann, muss der Produktionsrhythmus dieser Prozesskette bestimmt werden. Darauf wird im nächsten Kapitel im Einzelnen eingegangen.

5.4 Der Kundentakt bestimmt die Auslegung

Kunde gibt Rhythmus vor

Ein kontinuierlicher Fluss, bei dem zwischen den einzelnen Prozessen geringe oder am besten gar keine Bestände auftreten sollen, erfordert einen gleichmäßigen Rhythmus der Produktionsschritte. Im Sinne der Wertstrom-Philosophie muss sich dieser Rhythmus danach richten, welche Ausbringung die Kunden letztlich erwarten. Ein Rhythmus, bei dem schneller und mehr produziert wird, als der Kunde tatsächlich erwartet, bedeutet Verschwendung. Überproduktion und zu frühe Produktion sind nach den Grundregeln der Toyota-Philosophie „Muda" (Verschwendung). Man stelle sich vor, dass der Markt im Schnitt 1.000 Stück pro Tag von der Produktion an Leistung erfordert, eine Prozesskette im Rahmen der Produktion jedoch 1.200 bis 1.500 Stück pro Tag produziert. Diese zu viel produzierte Menge muss gelagert werden, was wiederum Bestände und somit Verschwendung bedeutet.

Kunden- und Produktionsrhythmus weichen ab

Die Ausbringung einer Produktionskette wird in der Praxis jedoch nicht aus Willkür höher angesetzt als tatsächlich benötigt. Tatsächlich spielen die Punkte Ausschuss, Maschinenverfügbarkeit und Umrüstzeiten eine wesentliche Rolle bei der Auslegung einer Produktionskette. Im oben aufgeführten Beispiel wird die Prozesskette nicht ununterbrochen die genannte Ausbringung produzieren, sondern im Schnitt so, dass der Kundenbedarf über einen längeren Zeitraum hinweg auch tatsächlich abgedeckt wird. Die Frage ist, wie zeitnah der Kundenbedarf erfüllt wird, welche Mengen zwischengelagert werden müssen und wie hoch das Maß der Flexibilität durch diese Ausgestaltung tatsächlich ist.

Geringe Abweichung bedeutet geringe Verschwendung

Je mehr sich der Produktionsrhythmus an der tatsächlichen Abnahmemenge des Kunden orientiert, desto geringer ist das Maß an Verschwendung durch Überproduktion oder zu frühe Produktion und umso größer wird die Flexibilität, auf Änderungen im Abnahmeverhalten des Kunden zu reagieren. Oftmals ist der Produktionsrhythmus, der sich aus den Kundenanforderungen ergibt, gar nicht genau bekannt. In der klassischen Auslegung von Produktionseinrichtungen wird darauf geachtet, dass die Ausbringung einer Produktionskette der benötigten Stückzahl für einen bestimmten Zeitbereich (z.B. Schicht, Tag oder Woche) entspricht. Daraus resultiert eine bestimmte Taktzeit, mit der die Produktionskette dann arbeitet. In einem schlanken Produktionssystem richtet sich die Tatzeit dagegen nach dem Produktionsrhythmus, der sich aus den Kundenanforderungen ergibt. In der Wertstrom-Philosophie ist nicht alleine entscheidend, dass die Produktionskette die entsprechende Ausbringung in einem bestimmten Zeitfenster erbringt, sondern auch, dass diese Ausbringung in dem vom Kunden geforderten Rhythmus erfolgt – und damit direkt in den Markt anstatt ins Lager geliefert wird.

Berechnung des Produktionsrhythmus

Dieser Produktionsrhythmus ergibt sich aufgrund der verfügbaren Betriebszeit, zum Beispiel pro Schicht und der in dieser Zeiteinheit vom Kunden benötigten Produktionsmenge. Stehen beispielsweise für die Produktion drei Schichten mit jeweils sieben Stunden Arbeitszeit, also verfügbarer Betriebszeit, zur Verfügung und fordert der Markt pro Tag 10.500 Stück, so ergibt sich ein Produktionsrhythmus von 7,2 Sekunden. Das bedeutet, dass alle 7,2 Sekunden ein fertiges Teil vom Band fallen muss, um die Kundenanforderungen bezüglich Menge zu erfüllen (Abbildung 44). Der Kunde nimmt das Produkt mit einer Rate von einem Stück alle 7,2 Sekunden ab. Somit entsteht eine Vorgabe für die Produktion, die auf der tatsächlichen Verkaufs- oder Abnahmerate basiert.

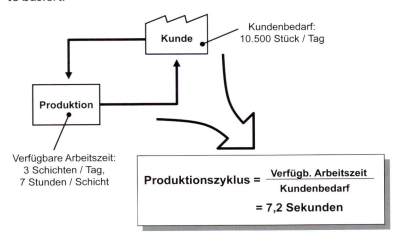

Abbildung 44: Produktionsrhythmus und Kundenanforderungen

Natürlich lässt diese Rechnung Dinge wie Ausfall- oder Rüstzeiten unberücksichtigt. Das ist auch beabsichtigt, denn es ist sinnvoll, sich beim Übergang vom Ist zum Soll zunächst einen

Überblick über den benötigten Produktionsrhythmus zu verschaffen. Dieser Wert kann dann anschließend weiter verfeinert und angepasst werden.

Zykluszeit gibt Hinweise

Durch den Vergleich zwischen dem Produktionsrhythmus und der Zykluszeit eines Prozesses, die beim Mapping durch Beobachtung ermittelt worden ist, ergeben sich erste Ansatzpunkte für Gestaltungsnotwendigkeiten. Voneinander abweichende Zeiten bedeuten, dass die Prozesse nicht synchron zum Kundenwunsch arbeiten. Sind die einzelnen Zykluszeiten in einer Folge von Prozessen untereinander auch noch unterschiedlich, so liegt eine Asynchronität der ganzen Prozesskette vor, die zwangsläufig zu Beständen und Wartezeiten innerhalb der Prozesskette führen muss. Im Rahmen der Gestaltung von schlanken Produktionssystemen müssen zum einen die Zykluszeiten der einzelnen Prozesse einer Prozesskette aufeinander abgestimmt sein, zum anderen müssen sich die Zykluszeiten am Produktionsrhythmus orientieren.

In der Regel wird die Zykluszeit einer Prozesskette nicht dem Produktionsrhythmus entsprechen. Da bei Prozessketten in der Regel mehr oder weniger oft gerüstet werden muss und außerdem Ausfallzeiten aufgrund von Anfahrvorgängen, Wartung, Maschinenschäden oder anderer Störgrößen zu erwarten sind, wird die beobachtete Zykluszeit niedriger sein als der Produktionsrhythmus. Ein Zusammenhang, wie er sich häufig ergibt, ist in Abbildung 45 dargestellt.

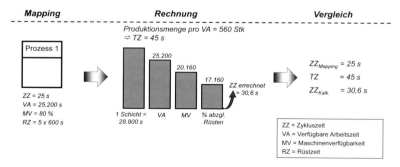

Abbildung 45: Zykluszeit und Produktionsrhythmus

Aus der Rechnung in Abbildung 45 ergeben sich auch die Parameter für eine Anpassung der Zykluszeit: Maschinenverfügbar-

Gründe für Abweichungen

keit, Rüstzeiten sowie verfügbare Arbeitszeit sind die Stellwerte, durch die eine Anpassung der Zykluszeit an den Produktionsrhythmus erfolgen kann. Näheres zu diesen Parametern und ihren Einstellmöglichkeiten folgt in den weiteren Kapiteln.

Produktionsrhythmus kann schwanken

Der Produktionsrhythmus einer Prozesskette kann sich in einer bestimmten Bandbereite verändern: Nicht immer sind die Abnahmemengen des Kunden konstant. So wird auch der bereits erwähnte Marathon-Läufer auf seinem Weg Steigungen zu absolvieren haben, an denen sein Laufrhythmus schneller sein muss als an anderen Stellen. Diese Schwankungen können jedoch nicht beliebig sein, genauso wie die Breite der Schwankungen begrenzt ist. Die Prozessketten müssen den Schwankungen folgen können, und das geht in der Regel nur in einer bestimmten eng umrissenen Bandbreite.

5.5 Wege zu einem kontinuierlichen Fluss

Als Ergebnis von Mappings findet man häufig Prozessketten, bei denen die Zykluszeiten in geringem Maße voneinander abweichen.

Abweichende Zykluszeiten bedeuten Bestände

In dem in Abbildung 46 dargestellten Beispiel weichen die Zykluszeiten der einzelnen Prozessschritte jeweils nur um wenige Sekunden voneinander ab. Im Laufe der Bearbeitung werden sich Bestände zwischen den Prozessen aufbauen, die durch den unterschiedlichen Rhythmus verursacht werden. Häufig werden diese Bestände akzeptiert und Zwischenpuffer, zum Beispiel durch Rollbahnen, geschaffen. In der Praxis bauen sich die Bestände auch durchaus wieder ab, da die einzelnen Prozesse unter Umständen unterschiedliche Betriebszeiten haben. In einem der vorigen Kapitel wurde schon das Beispiel genannt, dass bei zwei hintereinander liegenden Prozessen der erste doppelt so schnell arbeitet wie der zweite, der aber dafür zwei Schichten läuft. Der Bestand, der sich zwischen den beiden Prozessen am Ende der ersten Schicht aufgebaut hat, wird sich bis zum Ende der zweiten Schicht wieder abbauen.

Die Unterschiede in der Verfügbarkeit sind aber oftmals nicht so klar erkennbar: Störungen in den Prozessen kommen zu unterschiedlichen Zeitpunkten vor, oder der Wechsel von Werkzeu-

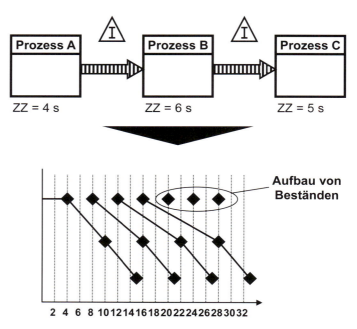

Abbildung 46: Abweichende Zykluszeiten und Pufferung

gen dauert im ersten Prozess, der eine kürzere Zykluszeit hat, länger als in dem folgenden Prozess. Die aufgebauten Bestände werden sich daher wieder abbauen – und in der Praxis wird das häufig akzeptiert. Übersehen wird dabei jedoch, dass zwar die Zykluszeiten nicht groß voneinander abweichen, aber kein kontinuierlicher Fluss vorliegt – mit allen Begleiterscheinungen, wie bereits beschrieben.

Gleich schnell, aber auch gleichzeitig

Das ist aber nicht im Sinne einer verschwendungsfreien Prozesskette. Vielmehr sollte versucht werden, die Prozesse so umzugestalten, dass ihre Zykluszeiten tatsächlich aufeinander abgestimmt sind. Das bedeutet, dass sie angenähert, am besten gleich, sind. Darüber hinaus sollte die für Wertschöpfung nutzbare Zeit in einer Prozesskette zum selben Zeitpunkt verfügbar sein. Selbst wenn die Zykluszeiten aller Prozesse einer Prozesskette gleich sind, bedeutet das noch nicht, dass keine Bestände auftreten. Das wird erst der Fall sein, wenn zum Beispiel Unterbrechungen zum gleichen Zeitpunkt auftreten und Rüstzeiten gleich lang sind.

Das ist übrigens der Grund, warum bei Linien, die nach den Grundsätzen der Wertstrom-Philosophie gestaltet sind, im Falle

Ketten bei Störungen abschalten

von Störungen bei einzelnen Prozessen die ganze Linie angehalten wird: Es macht keinen Sinn, in das System weiter Teile „reinzustopfen", wenn ein Teil der Kette nicht arbeitet. Von dem gestörten Prozess angefangen werden sich zwischen den vorgelagerten Prozessen schrittweise Bestände aufbauen, die nicht verarbeitet werden können, und die Linie wird Prozessschritt für Prozessschritt bis zum Anfang wegen Verstopfung abgeschaltet werden müssen. Der Wiederanlauf nach Beseitigung ist dann schwierig, und es dauert eine Zeitlang, bis das System wieder eingeschwungen ist. Daher werden alle Prozesse gleichermaßen abgeschaltet. Natürlich muss mehr Augenmerk auf eine schnelle Störungsbeseitigung gelegt werden, weshalb Eskalationsmodelle in Wertstrom-Konzepten eine große Rolle spielen. Auch hier kann man eine Parallele zum Autoverkehr ziehen: Wenn an einer Stelle auf der Autobahn ein Unfall mit Blockade passiert ist, wird sich der Verkehr allmählich immer weiter zurückstauen – und wenn die Blockade schon lange beseitigt ist, gibt es den Stau immer noch.

Zeiten angleichen: Detailarbeit

Um die Zykluszeiten miteinander abzugleichen, ist es erforderlich, in die Details der Prozesse hineinzugehen und die einzelnen Arbeitsschritte, die innerhalb der Prozesse ablaufen, genau zu betrachten. Eine derartige Detailanalyse der einzelnen Prozesse erfolgt zum Beispiel mit der Methode „Operator Balance Chart". Hierbei werden die einzelnen Arbeitsschritte detailliert erfasst und zu neuen Gruppen, bei denen dann die Zykluszeit aufeinander abgestimmt ist, zusammengefasst. Dieser methodische Ansatz, der im Detail im Anhang 9.5 beschrieben ist, hat sich insbesondere im Bereich der Montage bewährt. Aber auch bei Prozessen, bei denen durch das Arbeitspersonal verschiedene Handgriffe hintereinander durchgeführt werden, kann diese Methode erfolgreich eingesetzt werden, um die Prozessinhalte neu zu gestalten.

Die Zusammenfassung von Prozessen zu einer durchgängigen Prozesskette und das Schaffen eines kontinuierlichen Flusses hat natürlich auch Grenzen. Prozesse können nur dann einen kontinuierlichen Fluss bilden, wenn ihre Zykluszeiten gleich sind. Im Rahmen der Gestaltung verschwendungsfreier Prozesse muss zunächst versucht werden, diese Zykluszeiten aufeinander abzustimmen.

Grenzen für Prozessketten

In der Praxis gibt es immer wieder Prozesse, deren Zykluszeiten sich signifikant von denen der vor- oder nachgelagerten Prozesse unterscheiden. Typische Beispiele für derartige Prozesse sind Härtevorgänge, sofern sie nicht in Durchlauföfen stattfinden. Nach einer Kette von Weich-Bearbeitungsprozessen, die durchaus auf eine gleiche Zykluszeit zu bringen sind und es ermöglichen, einen kontinuierlichen Fluss zu realisieren, folgt ein Härteofen, in dem die Teile in großen Batches über mehrere Stunden hinweg bearbeitet werden. Möglicherweise folgt danach eine Hart-Bearbeitung, deren Einzelprozesse dann wiederum in einen kontinuierlichen Fluss gebracht werden können (Abbildung 47).

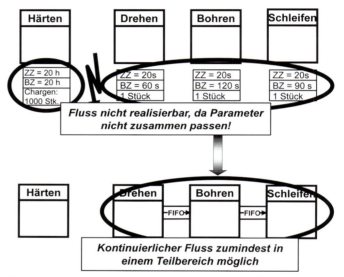

Abbildung 47: Grenzen für eine kontinuierliche Fließfertigung, Lösungsansatz

Beispiel: Abweichende Zykluszeiten

Typischerweise werden die Teile vor dem Härteofen gesammelt. Dort werden sie in der Regel zu großen Losen zusammengefasst, was in der Notation eines Wertstrom-Mappings durch eine Brille dargestellt wird. Während in den Vorprozessen die Zykluszeit pro Teil sehr kurz ist (im dargestellten Beispiel 20 Sekunden), ist dieser Parameter im Härte-Bereich mit beispielsweise acht Stunden pro 1.000 Stück deutlich höher. Hier liegt also nicht nur eine unterschiedliche Zykluszeit vor, sondern auch eine unterschiedliche Bemessungsgrundlage, im einen Fall durch die Zykluszeit pro Einzelteile angegeben, im anderen Fall pro Batch.

Im Sinne des Wertstromansatzes, der verschwendungsfreie Abläufe mit einem Minimum an Beständen sowie einem weitgehend kontinuierlichen Fluss vorsieht, ist eine derartige Situation mit Wartezeiten und unterschiedlichen Losgrößen natürlich nicht erwünscht. Im Rahmen der Entwicklung einer Vision muss daher zunächst die Frage gestellt werden, ob der vorliegende Prozess nicht durch eine andere Ausführung ersetzt werden kann, die dann einen kontinuierlichen Fluss ermöglicht. Im vorliegenden Beispiel wäre es durchaus denkbar, einen Batch-orientierten Härteofen durch einen Durchlaufofen zu ersetzen. Vorausgesetzt, dass dieser Durchlaufofen die gleiche Zykluszeit erreicht wie die vor- und nachgelagerten Prozessketten, wäre somit ein kontinuierlicher Fluss von der Weichbearbeitung über das Härten bis hin zur Hartbearbeitung denkbar.

Eine derartige Lösung ist nicht immer realisierbar. Häufig sind batch-orientierte Prozesse nicht ohne Weiteres durch Durchlaufprozesse ersetzbar. Dies gilt zum Beispiel für umfangreiche Prüfungen, bei denen über einen längeren Zeitraum ein bestimmtes Betriebsverhalten erzeugt und abgeprüft beziehungsweise beobachtet werden muss. Darüber hinaus ist in vielen Fällen der Ersatz des Prozesses mit sehr hohen Investitionen verbunden, die nicht mehr wirtschaftlich darstellbar sind. In solchen Situationen, die in der Praxis sehr häufig vorkommen, wird man keinen durchgehenden kontinuierlichen Fluss schaffen können. Die Lösungsstrategien, die dann angewendet werden, um dennoch möglichst verschwendungsfrei zu produzieren, werden später vorgestellt.

Prozessketten so weit wie möglich

Zusammenfassend bleibt festzuhalten, dass im Rahmen des Wertstromansatzes möglichst weitreichende Prozessketten, in denen ein kontinuierlicher Fluss stattfindet, aufgebaut werden sollen. Dazu müssen die Zykluszeit der einzelnen Prozesse innerhalb einer Kette aufeinander abgestimmt und weitestgehend synchronisiert werden. Liegen Zykluszeiten einzelner Prozesse auseinander, so werden entweder die Prozesse durch Alternativen ersetzt, die dann wiederum synchronisiert werden können, oder die Prozesse werden durch eine detaillierte Einzelbetrachtung mit Hilfe der OBC-Methode (Operator Balance Chart) verändert und angepasst.

Wenn beide Ansätze nicht zum Ziel führen, sind die Grenzen einer Prozesskette erreicht, und es liegt eine Schnittstelle zwischen verschiedenen Ketten vor. Wie mit dieser Schnittstelle umgegangen wird, wird in Kapitel 5.7 erläutert.

5.6 Der Schrittmacherprozess

Mit der Schaffung eines kontinuierlichen Flusses wird nicht nur das Ziel verfolgt, möglichst geringe Bestände in einer Prozesskette zu erreichen und die Warte- sowie Liegezeiten vor den einzelnen Prozessschritten zu reduzieren oder gar zu eliminieren. Eine Prozesskette mit einem kontinuierlichen Fluss zeichnet sich vor allem dadurch aus, dass die anfangs festgelegte Reihenfolge der Aufträge durch die ganze Prozesskette hinweg bis zum Ende der Kette beibehalten wird. Das bedeutet, dass am Beginn der Prozesskette die zu bearbeitenden Aufträge in eine bestimmte Reihenfolge gebracht werden, dann aber kein Aufwand mehr betrieben werden muss, um diese Aufträge zu steuern und ihre Reihenfolge zu regeln.

Prozesskette benötigt wenig Steuerung

Eine Prozesskette mit einem kontinuierlichen Fluss zeichnet sich also dadurch aus, dass der Steuerungsaufwand deutlich minimiert wird. Lediglich der erste Prozess muss noch angestoßen werden, und die danach folgenden Prozesse laufen quasi automatisch in einer festgelegten Reihenfolge und mit fest definierten Zykluszeiten ab. Dadurch wird die gesamte Prozesskette berechenbar, und ein weiterer Eingriff ist nicht mehr notwendig. In Abbildung 48 ist dargestellt, wie sich der Steuerungsaufwand mehrerer hintereinander liegender Prozesse durch das Schaffen einer Prozesskette mit kontinuierlichem Fluss deutlich reduziert.

Erster Prozessschritt wird angestoßen

Dabei gibt es drei Effekte:

- Die mehrfach bereits erwähnte „Go see"-Steuerung, im Mapping durch eine Brille dargestellt, wird vollständig eliminiert. Dadurch wird ein wesentlicher Grund für die häufig vorkommende Umplanung von Auftragsreihenfolgen und dadurch entstehende Verzögerungen in der Abwicklung ausgeschaltet. Die bisher für diese Steuerung aufgewendeten Ressourcen werden eingespart und können anderweitig eingesetzt werden.

„Go see" fällt weg

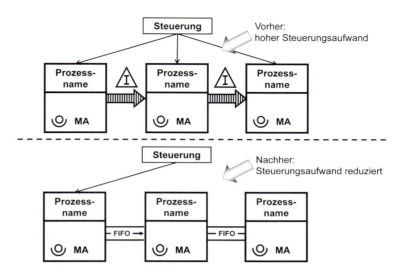

Abbildung 48: Reduzierung des Steuerungsaufwandes durch kontinuierlichen Fluss

- Die Hin- und Rückmeldungen von einer Fertigungssteuerung zu den einzelnen Prozessen entfallen komplett. Da nach der Ansteuerung des ersten Prozesses die nachfolgenden Schritte in der Prozesskette automatisch quasi zwangsverknüpft ablaufen, ist eine Rückmeldung wie auch ein steuernder Eingriff nicht mehr erforderlich. Auch hierdurch werden erhebliche Aufwendungen eingespart und Verschwendung signifikant reduziert.
- Schließlich wird der Durchlauf durch eine Prozesskette berechenbar: Ist der Auftrag am ersten Prozess eingesteuert, so wird er nach einer bestimmten Zeit am Ende der Prozesskette ankommen. Diese Zeit ist berechenbar und vor allem immer gleich. Sie wird nur dann nicht eingehalten, wenn zum Beispiel Störungen innerhalb der Prozesskette dies verhindern.

Keine Rückmeldungen mehr

Zeit wird berechenbar

Dieser erste Prozess einer Prozesskette wird als „Schrittmacherprozess" bezeichnet. Nur dieser eine Prozess muss noch gesteuert werden, und er gibt Reihenfolge und Ablauf in der Prozesskette vor. Der Schrittmacherprozess hat eine sehr große Bedeutung in schlanken Produktionssystemen. Die richtige Auswahl des Schrittmacherprozesses bestimmt darüber, wie weit Verschwendung reduziert werden kann. Oftmals finden sich im Ablauf einer Fertigung und Montage mehrere Schrittmacher-

Schrittmacherprozess

prozesse, da, wie im vorigen Kapitel beschrieben, oftmals nur begrenzte Prozessketten geschaffen werden können. Im einfachsten Fall gibt es einen Schrittmacherprozess in der Fertigung und einen weiteren Schrittmacherprozess in der Montage. In der Praxis wird es durchaus noch mehr Schrittmacherprozesse geben, abhängig von den jeweiligen Prozessen, der Anzahl der Prozessschritte sowie der Möglichkeit, kontinuierliche Prozessketten zu schaffen.

Kopplung von Ketten

Bedeutsam ist die Frage, wie diese Prozessketten mit ihren jeweiligen Schrittmacherprozessen untereinander gekoppelt werden können. Das Bestreben im Rahmen des Wertstromansatzes ist, möglichst wenige Schrittmacherprozesse zu definieren und die davor liegenden Arbeitsschritte möglichst verschwendungsfrei mit den Prozessketten und dem Schrittmacherprozess zu verbinden. Die Möglichkeiten dazu werden im nächsten Kapitel erläutert.

5.7 Die Kopplung verschiedener Prozessketten

Wie in den vorigen Kapiteln dargestellt, gibt es bei der Gestaltung von Prozessketten Grenzen. Nicht immer lassen sich Prozesse so miteinander verbinden, dass eine Kette mit kontinuierlichem Fluss erreicht wird. Es ist naheliegend, diese Prozessketten jeweils separat anzusteuern, quasi als „Meta-Prozesse" zu führen (Abbildung 49). Das bedeutet aber einen Steuerungsaufwand, der nach Möglichkeit reduziert werden soll. Deswegen sollte, wie im vorigen Kapitel dargestellt, die Anzahl der Schrittmacherprozesse möglichst gering gehalten werden. Die Frage entsteht also zwangsläufig, wie die unterschiedlichen Prozessketten miteinander verbunden werden können, bei gleichzeitiger Minimierung des Steuerungsaufwandes.

Grenzen von Prozessketten

Schrittmacher bestellt

Eine Minimierung des Steuerungsaufwandes kann dadurch erreicht werden, dass die vorgelagerten Prozesse die zur Abarbeitung benötigten Informationen nicht von einer zentralen Steuerung bekommen, sondern vom Schrittmacherprozess der nachfolgenden Prozesskette. Dieser „bestellt" nach Bedarf bei seinen Zulieferprozessen, die dann natürlich liefern müssen. Das bedeutet, dass der vorgelagerte Prozess die vom Schrittmacher-

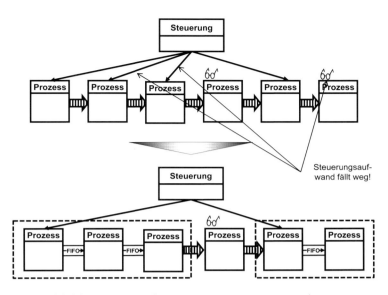

Abbildung 49: Einzelne Ansteuerung von Prozessketten

prozess benötigten Teile rechtzeitig bzw. schnell bereitstellen muss. Dazu gibt es nun zwei Möglichkeiten (Abbildung 50):

- Der vorgelagerte Prozess stellt die Teile auf Anforderung durch den Schrittmacherprozess her.
- Der vorgelagerte Prozess stellt sicher, dass dem Schrittmacherprozess immer genügend Teile zur Verfügung stehen. Er stellt sie aufgrund von „Erfahrungswerten" vorher her.

Das erste Verfahren läuft „a priori": Der Bedarf für bestimmte Teile ist beim Schrittmacherprozess für einen eng umrissenen

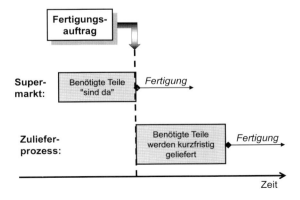

Abbildung 50: Kopplung der vorgelagerten Prozesse

A-priori-Kopplung

Zeitraum bekannt. Er wird dem vorgelagerten Prozess mitgeteilt und durch diesen zeitnah abgearbeitet. Als Beispiel sei die Montage von Türen genannt, für die bestimmte abgekantete Blechstücke benötigt werden, deren Herstellung vielfach schneller abläuft als die Türenmontage. Liegen die im Laufe einer Schicht zu bearbeitenden Aufträge zu Beginn der Schicht beim Schrittmacherprozess bereits fest, so kann er diese Information an den zuliefernden Abkantprozess weitergeben. Dieser wird dann die abzukantenden Blechteile herstellen und der Türenmontage zur Verfügung stellen (Abbildung 51). Danach ist der vorgelagerte Prozess beendet – entweder steht er jetzt anderen Schrittmacherprozessen zur Verfügung oder er beendet seine Arbeit. Letzteren Weg findet man im Übrigen häufig bei zuarbeitenden Prozessen, die durch Springer oder Teilzeitkräfte bedient werden können.

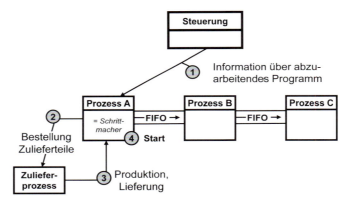

Abbildung 51: a priori-Kopplung des zuliefernden Prozesses

Auftragsbezogen und schnell

Diese a priori-Kopplung funktioniert jedoch nur dann, wenn die Bearbeitungszeit des zuliefernden Prozesses deutlich geringer als die des Schrittmacherprozesses und seiner Prozesskette ist. Weiterhin muss die Herstellung der Zulieferteile auftragsbezogen sein. Dies gilt beispielsweise für die Beschriftung von Etiketten oder Verpackungen, aber auch für die Vormontage von Baugruppen. In jedem Fall muss darauf geachtet werden, dass der Zeitraum, für den a priori produziert wird, nicht zu groß ist, damit die anfallenden Bestände unter Kontrolle bleiben, und dass eine gewisse Flexibilität gewahrt bleibt. Ein Planungshorizont von mehr als einer Schicht hat sich in den meisten Fällen als unzweckmäßig, und nicht mit den Zielen einer verschwendungsarmen Produktion vereinbar, erwiesen.

Pull-System: Schrittmacher entnimmt

Das zweite Verfahren, bei dem der zuliefernde Prozess sicherstellt, dass immer genügend Teile vorhanden sind, arbeitet „a posteriori": Der Schrittmacherprozess verarbeitet das bereit stehende Teil und sendet gleichzeitig eine Information an den vorgelagerten Prozess, dass dieses Teil nun bearbeitet wird und nicht mehr zur Verfügung steht. Der Zulieferprozess produziert dieses Teil nach einer vorher festgelegten Strategie nun wieder nach und stellt es dem Schrittmacherprozess anschließend erneut zur Verfügung (Abbildung 52).

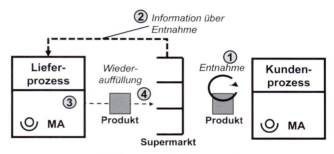

Abbildung 52: „Pull-System"

Systeme, die in dieser Form arbeiten, werden als „Pull-Systeme" bezeichnet, da der nachfolgende Prozess die Teile aus der vorgelagerten Prozesskette quasi herauszieht. Dadurch entfällt bei der vorgelagerten Prozesskette jeglicher übergeordneter Steuerungsaufwand. Allerdings muss die Strategie, nach der die Teile wieder nachproduziert werden, genau festgelegt und mit ihren Parametern definiert werden.

Kanban-Systeme steuern Abläufe

Pull-Systeme werden auch als „Kanban"-Systeme bezeichnet. Der Begriff Kanban kommt aus dem Japanischen und bedeutet soviel wie Karte. In der einfachsten Version eines derartigen Systems ist an jedem Teil eine Karte angebracht, die bestimmte Informationen für den Zulieferprozess enthält. Wird dieses Teil von der nachfolgenden Prozesskette verbraucht, so wird gleichzeitig die Karte an den Zulieferprozess zurückgeschickt. Damit bekommt dieser die Information, dass das Teil verbraucht wurde und innerhalb der festgelegten Parameter nachproduziert werden muss. In der Regel wird der Zulieferprozess eine bestimmte Menge Karten sammeln, um das Teil dann in einer festgelegten Losgröße neu zu produzieren. Die Teile werden dann wieder mit den Karten versehen und an den abnehmenden Prozess geschickt.

Eine andere Möglichkeit, die Information über einen Verbrauch an den Zulieferprozess zu schicken, besteht darin, den leeren Warenträger zurückzuschicken. Bei diesem so genannten „Signal-Kanban" sind am Verbrauchsort immer zwei Warenträger, zum Beispiel Kisten, mit den entsprechenden Teilen vorhanden: Aus der ersten Kiste heraus wird entnommen, die zweite Kiste steht als Reserve dahinter. Ist die erste Kiste leer, wird sie auf einen speziellen Platz gestellt und von dort an den Zulieferprozess geschickt. Damit weiß dieser, dass er wieder nachproduzieren muss. Der Zulieferprozess wird dann nach den ihm eigenen Regeln die Nachproduktion durchführen und die aufgefüllte Kiste wieder an den Verbrauchsort zurückbringen (Abbildung 53). Auch für das Signal-Kanban gibt es im Wertstromdiagramm ein entsprechendes Symbol.

Signal-Kanban

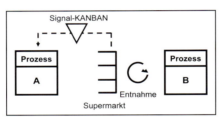

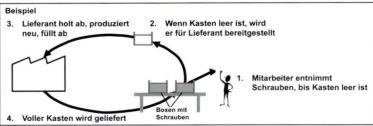

Abbildung 53: „Signal-Kanban"

Die Lagerung der nachproduzierten Teile kann entweder direkt am Verbrauchsort oder an einer zentralen Stelle in der Nähe der Prozesskette stattfinden. Lagern verschiedene Kanban-gesteuerte Teile zusammen in einem Bereich, so wird das häufig als „Supermarkt" bezeichnet. Ähnlich wie beim Einkaufen in einem Lebensmittel-Supermarkt geht ein Mitarbeiter oder eine Mitarbeiterin in diesen Kanban-Supermarkt und holt sich die Teile

Lagerung im Supermarkt

zusammen, die für die Abarbeitung der Aufträge in der Prozesskette benötigt werden. In einem Wertstromdiagramm wird dieser Supermarkt durch ein nach links offenes Lagersymbol, die Entnahme der benötigten Teile durch einen geöffneten Kreis dargestellt. Ein Kanban-System, das mit Karten arbeitet, wird durch einfache Symbole dargestellt (Abbildung 54). Ebenso wird kenntlich gemacht, ob und wo die Karten gesammelt werden.

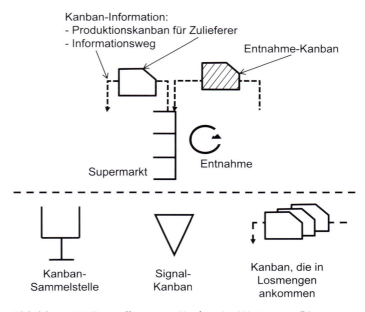

Abbildung 54: Darstellung von Kanban im Wertstrom-Diagramm

Eignung von Kanban-Systemen

Kanban- oder Pull-Systeme bieten sich immer dann an, wenn das Abnahme-Verhalten des Verbrauchers über einen längeren Zeitraum hinweg mehr oder weniger gleichförmig verläuft. Je nach Auslegung des Systems können Schwankungen im Verbraucherverhalten abgefangen werden. Dabei sind die Höhe des Sicherheitsbestandes, die Wiederbeschaffungsmenge und die Wiederbeschaffungszeit zu berücksichtigen, beziehungsweise in die Berechnung mit einzubeziehen. Je höher der Sicherheitsbestand in einem Supermarkt ist, desto größer kann auch die Schwankung im Verbraucherverhalten sein. Das gleiche gilt für die Wiederbeschaffungszeit: Je kürzer diese ist, umso geringer braucht der Sicherheitsbestand zu sein. Die Auslegung von Kanban-Systemen ist ein wichtiger Punkt bei der Gestaltung schlanker Produktionsabläufe.

In den vorigen Kapiteln wurde immer wieder davon gesprochen, dass Bestände ein sichtbares Zeichen von Verschwendung sind. Bei der Kopplung von Prozessketten über die oben aufgezeigten Mechanismen entsteht nun zwischen den Ketten ein neues Lager, entweder in Form eines Kanban-Lagers oder eines Supermarktes. Es entsteht zwangsläufig die Frage, wie sich ein derartiges Lager mit der Forderung nach einem verschwendungsarmen Ablauf vereinbaren lässt (Abbildung 55).

Bestände werden geringer

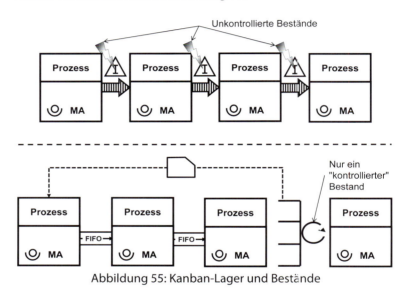

Abbildung 55: Kanban-Lager und Bestände

Bei der Beurteilung dieses neu entstehenden Lagers müssen zwei Aspekte berücksichtigt werden:

Bestände werden bewusst eingesetzt

- Zum einen entsteht dieses Lager nicht „zufällig" und ungewollt dadurch, dass einzelne Prozesse nicht miteinander synchronisiert und die Teile daher vor dem nachfolgenden Prozess warten müssen. Vielmehr sind Supermarkt- oder Kanban-Lager geplant, und zwar im Hinblick auf ihre Verwendung, ihre Zusammensetzung und die Höhe des Bestandes. Was bei diesen Lagern entfällt, ist der Aufwand am nächsten Prozess, aus der Vielzahl der wartenden Teile das herauszusuchen, was als nächstes bearbeitet werden muss. Der nachfolgende Prozess, der Schrittmacherprozess, bekommt die Information, was er als nächstes zu bearbeiten hat. Die dafür benötigten Teile sind im Supermarkt oder Kanban-Lager vorhanden. Man muss also bei der Beurteilung derartiger Läger den Zusammenhang mit der Steuerung des entnehmenden Prozesses sehen. Auf diesen Aspekt wird im nächsten Kapitel noch vertiefend eingegangen.

Kanban beruhigt Abläufe

- In der Praxis zeigt sich, dass Bestände, die in einer klassischen Organisation von Prozessen anzutreffen sind, in der Summe deutlich höher sind, als die Bestände bei einer entsprechenden Organisation mit einem Kanban-Lager.

Der letzte Punkt hängt vor allem mit der in der Praxis häufig anzutreffenden Unterbrechung von Losgrößen und Änderung der einmal angestoßenen und nach vorne geplanten Fertigung zusammen. Dies soll an einem Beispiel näher erläutert werden:

Beispiel: Zusammenfassung von Aufträgen

Bei der Fertigung von Kunststoff-Spritzgussteilen für eine nachfolgende Montage wird versucht, durch Zusammenfassung von Bedarfen aus der Montage möglichst große Fertigungslose zu erreichen, um Rüstzeiten in der Kunststoff-Spritzerei zu reduzieren. Dadurch ist es möglich, die Spritzgussmaschinen über einen längeren Zeitraum, z.B. mehrere Schichten, mit einem Werkzeug und einer Farbe fahren zu lassen. Wir beobachten hier den klassischen Ansatz einer Zusammenfassung von Aufträgen zur Reduzierung von Rüstzeiten. Dabei entsteht Verschwendung durch zu frühe Produktion von Teilen, die möglicherweise erst Tage oder Wochen später benötigt werden.

In der Praxis muss in der Montage die Planung aufgrund von Änderungen der Kundenwünsche immer wieder angepasst werden. So verschieben sich möglicherweise avisierte Stückzahlen oder geplante Farben und Varianten aufgrund kurzfristiger Änderungen der Kundenspezifikationen. Bei den untersuchten Beispielen wurden teilweise mehrmals pro Woche die Montageplanungen umgestoßen. Insbesondere die kurzfristige Hereinnahme von Sonder-Montagen in kleinen Stückzahlen führte zu einer notwendigen Unterbrechung der bereits angelaufenen Fertigungslose (Abbildung 56).

Der über einen Zeitraum von einem Jahr durchgeführte Vergleich zwischen traditionellem Planungsverhalten, einschließlich der vorkommenden Störungen, und Steuerung mit einem Kanban-System zeigte, dass sich die Bestände zwischen Fertigung und Montage um etwa 30 bis 35 % absenken lassen, wie in Abbildung 57 gezeigt.

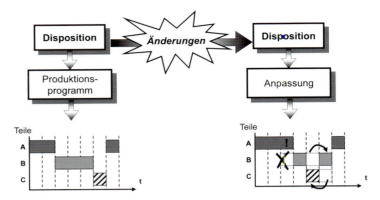

Abbildung 56: Unterbrechung der geplanten Fertigung durch Änderungen

Signifikante Senkung der Bestände

Gleichzeitig ist in dieser Grafik erkennbar, dass die Schwankungsbreite der Bestände bei der Kanban-Steuerung deutlich niedriger als in der herkömmlichen Organisation des Ablaufes ist. Derartige Ergebnisse einer Gegenüberstellung sind typisch für den Einsatz selbststeuernder Regelkreise und zeigen den Vorteil in dieser Steuerungsmethode. Hinzu kommt die Reduzierung des notwendigen Planungs- und Steuerungsaufwandes, da die Bestände nicht mehr a priori organisiert werden müssen.

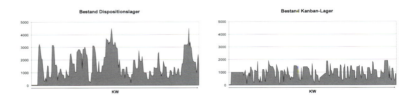

Werte	Dispositive Steuerung	Kanban-Steuerung	Δ	
Mittelwert	1.629	993	-636	-39%
σ	988	451	-537	-54%
Min.	40	40	0	0%
Max.	4.518	1.924	-2.594	-57%

Abbildung 57: Gegenüberstellung Bestandsverlauf

Die Kopplung von Prozessketten mithilfe von selbststeuernden Regelkreisen kann sich natürlich auch über verschiedene Stufen erstrecken. Das Beispiel einer Produktion von Teilen über die Stufen Weichbearbeitung / Härterei / Hartbearbeitung zeigt, dass durchaus verschiedene Lösungsansätze bei der Kopplung von Prozessketten möglich sind:

Kanban-Kopplung über mehrere Stufen

In jedem Fall wird der erste Prozessschritt der Hartbearbeitung als Schrittmacherprozess ausgewählt. Die Ankopplung des davor liegenden Prozessschrittes Härten, der aufgrund einer signifikant anderen Zykluszeit nicht in einem kontinuierlichen Fluss mit der Hartbearbeitung gebracht werden kann, erfolgt über eine Kanban-Steuerung. Der Schrittmacherprozess der Hartbearbeitung entnimmt die benötigten Teile aus dem Kanban-Lager und kann sicher sein, dass diese Teile bei Bedarf vorhanden sind.

Man kann sich nun vorstellen, dass die Kanban-Karten an den Beginn der Härterei wandern und dort neue Produktionsaufträge auslösen. Wenn entsprechend die für ein neues Los benötigte Kartenanzahl gesammelt ist, werden die zu härtenden Teile aus einem vor der Härterei liegenden weiteren Kanban-Lager entnommen und in die Härterei geschickt. Die Entnahme der Teile aus dem vor der Härterei liegenden Kanban-Lager löst wiederum einen Kanban-Kreislauf aus. Die hier entnommenen Kanban-Karten werden an den Beginn der Weichbearbeitung geschickt, wo sie nach einer festgelegten Strategie wiederum einen Produktionsauftrag für diese Prozesskette auslösen (Abbildung 58).

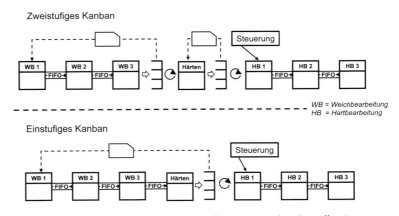

Abbildung 58: Verkettung von selbststeuernden Regelkreisen

Die Steuerung, die im ursprünglichen Zustand die Weichbearbeitung, die Härterei und die Hartbearbeitung steuern musste, beschränkt sich jetzt auf die Steuerung des Schrittmacherprozesses der Hartbearbeitung. Die davor liegenden Prozessketten werden durch selbststeuernde Regelkreise verbrauchsgesteuert eigenverantwortlich nachproduzieren.

Eine weitere Verbesserung ist im zweiten Teil der Abbildung 58 dargestellt: Natürlich könnte der Kanban-Kreislauf auch vom Schrittmacherprozess der Hartbearbeitung bis zum ersten Prozess der Weichbearbeitung reichen. In diesem Fall würde ein Regelkreis eingespart, ebenso wie das Kanban-Lager vor der Härterei. Es ist durchaus denkbar, hier einen kontinuierlichen Fluss von der Weichbearbeitung über die Härterei bis zum Kanban-Lager vor der Hartbearbeitung aufzubauen. Dabei wird die Härterei mit ihren spezifischen technischen Anforderungen die Losgröße für diese Prozessketten vorgeben.

Es muss im Einzelfall ausgerechnet werden, welche Lösung die verschwendungsfreie Variante ist. Wenn die Wiederbeschaffung für das Kanban-Lager der optimalen Losgröße der Härterei entspricht, so beinhaltet eine durchgängige Prozesskette von der Weichbearbeitung bis zu Härterei zweifelsfrei weniger Verschwendung. Sollten sich hier allerdings erhebliche Unterschiede zeigen, so wäre die zweistufige Kanban-Lösung der bessere Weg. Eine andere, häufig anzutreffende Gestaltungsvariante ist, dass eine Prozesskette auf mehrere Zulieferprozesse zugreift.

Verschiedene Zulieferer

Als Beispiel sei eine Montage genannt, bei deren ersten Prozessschritten zwei verschiedene Baugruppen zusammenlaufen. Gleichzeitig werden im Laufe der Montage-Prozesskette weitere Teile zugeliefert. Auch hier können die einzelnen Zulieferprozesse über selbststeuernde Regelkreise an die Montage angeschlossen werden, wie in Abbildung 59 gezeigt. So könnten

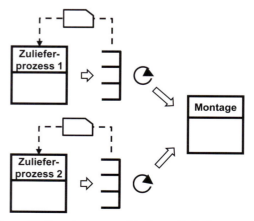

Abbildung 59: Kopplung verschiedener Zulieferprozesse

beispielsweise die anfangs zugelieferten Baugruppen über Kanban-Karten gesteuert werden, während sich für die weiteren Einzelteile auch ein Behälter-Kanban einsetzen ließe. Auch ein Supermarkt für bestimmte Zulieferteile ist denkbar. Die Kombination verschiedener Strategien und Ausführungen der Selbststeuerung hängt von den einzelnen Teilen, ihren Werten, ihrer voraussichtlichen Häufigkeit und nicht zuletzt auch ihrer Dimension ab.

Verschiedene Abnehmer

Schließlich sei darauf hingewiesen, dass ein Zulieferprozess verschiedene abnehmende Prozessketten bedienen kann. So wird beispielsweise eine Kunststoffspritzerei verschiedene Montagebänder beliefern, vielleicht sogar mit unterschiedlichen Produkten. Das Gleiche ist bei jeglichen Vor-Produktionen vorstellbar, bei denen Teile für verschiedene nachfolgende Prozessketten hergestellt werden. In diesem Falle kann die Vor-Produktion selbststeuernd arbeiten, indem sie die unterschiedlichen Verbrauchsmeldungen nach einer eigenen Strategie zusammenführt und entsprechende Fertigungsaufträge für ihre Produktion erstellt.

5.8 Selbststeuernde Regelkreise vereinfachen die Steuerung

Kanban steuert sich selbst

Der Vorteil der im vorigen Kapitel dargestellten Möglichkeiten zur Kopplung unterschiedlicher Prozessketten liegt darin, dass kein weiterer Steuerungsaufwand mehr für die Abwicklung der vorgelagerten Prozesse aufgewendet werden muss. Es handelt sich hier um selbststeuernde Regelkreise, die durch Informationen über den Verbrauch der nachgelagerten Prozessketten gesteuert werden. Informationen von einer übergeordneten Steuerung sind nicht mehr notwendig.

Einsparung bei Steuerung

Diese Einsparung kann gar nicht hoch genug bewertet werden. Der Aufwand, der dafür betrieben wird, Fertigungs- und Montageabläufe so zu steuern, dass am Ende die Kundenaufträge wunschgemäß bedient werden können, ist meistens sehr hoch. In der Regel werden Kundenaufträge zunächst gesammelt und über eine Verfügbarkeitsrechnung mit dem Bestand eines Endproduktelagers abgeglichen. Daraus werden dann die Mengenanforderungen für die Produktion generiert. Dabei spielen

Mindestbestände, Wiederbeschaffungszeiten und Materialverfügbarkeiten eine Rolle. Man kann sich leicht vorstellen, dass derartige Planungen mit einem enormen Aufwand verbunden sind. Dies gilt insbesondere dann, wenn viele Kundenaufträge und eine Vielzahl von Prozessketten und -schritten gesteuert werden müssen.

Reduzierung der Komplexität

Durch den Aufbau selbststeuernder Regelkreise wird diese Komplexität deutlich reduziert. Nicht mehr der zukünftige Bedarf, der von einer zentralen Steuerung aus vorhandenen Kundenaufträgen sowie der bekannten Historie abgeleitet wird, sondern der tatsächliche Verbrauch steuert nun die einzelnen Prozessketten. Die zentrale Fertigungssteuerung, die nach wie vor vorhanden ist, muss jetzt nur noch den Schrittmacherprozess beziehungsweise wenige Schrittmacherprozesse innerhalb des gesamten Ablaufes steuern.

Weitere Ansätze zur Vereinfachung der Steuerung

Neben der aufgeführten Kanban-Systematik gibt es weitere Ansätze, die Steuerung deutlich zu vereinfachen. Die Steuerung der Fertigung erfolgt oftmals zentral, wie geschildert. Dabei tritt immer das Problem auf, inwieweit der geplante Ablauf nun tatsächlich auch mit der Realität übereinstimmt. Ein Beispiel kann das verdeutlichen:

Das zentrale Planungs- und Steuerungssystem hat die zu fertigenden Aufträge terminiert und den entsprechenden Fertigungsressourcen zugeordnet. Die Fertigungspapiere werden gedruckt – und nun muss eigentlich „nur noch" abgearbeitet werden. Störungen an den Ressourcen (Maschinenausfall, nicht verfügbare Teile, Ausschuss und Nacharbeit oder auch Krankheit von Bedienern) führen dazu, dass die geplante Auftragsfolge nicht eingehalten werden kann. Mit zunehmender Länge der Prozesskette werden die Abweichungen immer größer. Die Folge ist bekannt: In der Fertigung wird improvisiert, um die Abweichungen in den Griff zu bekommen. Der Aufwand für eine Rückmeldung an die zentrale Steuerung ist oftmals zu hoch: Wer soll die ganzen Fertigungspapiere, die im Umlauf sind, austauschen? Die wenigsten Unternehmen arbeiten „papierlos", die meisten dagegen mit ausgedruckten Fertigungsaufträgen.

Prozessketten sind oft zu lang

Oft sind die Prozessketten für eine Vorab-Planung einfach zu lang und mit zu vielen Unsicherheiten behaftet. So hängt beispielsweise bei einer Gießerei die Reihenfolge des Gusses von der Legierung ab (man wird versuchen, die Reihenfolge derart zu gestalten, dass Legierungen aufeinander aufbauend erstellt werden können – sog. Auflegieren). Beim Feinguss liegen vor dem Gießen noch weitere Prozessschritte (Wachsform spritzen, Besanden, Trocknen, Auswaschen etc.), bei denen die Reihenfolgebildung anderen Regeln unterworfen ist (z.B. beim Besanden die Anzahl der aufzutragenden Schichten). Dadurch ist die Reihenfolge, in der die Aufträge beim Gießen ankommen, gar nicht vorab planbar. Hier ist es angebracht, das Gießen zum Schrittmacherprozess zu machen und die von den davor liegenden Prozessen zu bearbeitenden Aufträge vom Gießen einsteuern zu lassen, nicht durch eine zentrale Steuerung mit einer Vorwärtsterminierung.

Dezentrale Steuerung

Neben dem Lösungsansatz, eine vorwärtsgerichtete Planung durch eine Planung des Schrittmacherprozesses und entsprechender Ankopplung der Vorprozesse zu ersetzen, werden oft dezentrale Steuerungssysteme eingesetzt. Die fehlenden Rückmeldemöglichkeiten in Verbindung mit auftretenden Störungen führen in der Praxis häufig zu Planungen, die von einem Sicherheitsdenken bestimmt sind. So werden Aufträge „vorsichtshalber" früher gestartet, da man ja aus der Erfahrung weiß, dass sie sich aufgrund auftretender Unzulänglichkeiten in Planung und Ablauf ohnehin verzögern – mit der Folge, dass sie zusätzlich den Ablauf belasten und einen kontinuierlichen Fluss verhindern. Zerlegt man die Prozesskette in überschaubare Einheiten mit festgelegten Schnittstellen, so kann man Leitstand-Systeme zur Steuerung dieser dezentralen Einheiten einsetzen. Diese Systeme ermöglichen eine sehr prozessnahe Steuerung und verfügen in der Regel über einfach implementierbare Rückmeldemöglichkeiten. Von der zentralen Steuerung werden nur noch Ecktermine vorgegeben, die dann vom Leitstand des jeweiligen Bereichs verarbeitet und eingeplant werden. Natürlich muss sich ein solches System auch in der Gestaltung der Materialflüsse niederschlagen, denn vor dem abgegrenzten Bereich muss eine Möglichkeit bestehen, dass die Teile solange warten, bis sie an der Reihe sind.

Verlagerung der Steuerungskompetenz

Das Planungsverhalten der Fertigungssteuerung wird also signifikant verändert - und das ist eine der großen Veränderungen auf dem Weg zu verschwendungsarmen Abläufen. Die Einsparungen liegen dabei nicht nur im Bereich der Personal-Ressourcen, sondern auch in den Aufwendungen für komplexe Steuerungssoftware. In der Regel kann der Systemumfang für Produktionsplanungs- und -steuerungssysteme deutlich reduziert werden, mit allen positiven Folgen im Hinblick auf Wartungs- und Betriebskosten. Die Verantwortung für die Steuerung der Regelkreise wird weg von einer zentralen Stelle in diese Regelkreise hinein verlegt. Damit steht man vor einer der großen Herausforderungen bei der Einführung von wertstrom-orientierten Systemen: Die Verlagerung von Kompetenzen führt häufig zu Widerständen bei den betroffenen Mitarbeitern und muss sorgfältig und vorsichtig angegangen werden.

Zuverlässigkeit der Zulieferprozesse

Ein Argument, das häufig gegen die Selbststeuerung in Fertigung und Montage angebracht wird, ist die Frage der Zuverlässigkeit und des Vertrauens in das Funktionieren der vorgelagerten Prozesse. Man kann unschwer erkennen, dass zum Beispiel bei einem Kanban-System das Nachproduzieren von entnommenen Teilen innerhalb eines bestimmten, festgelegten Zeitraums und in einer bestimmten Menge erfolgen muss. Die nachgelagerte Prozesskette geht davon aus, dass die benötigten Teile immer in ausreichender Menge vorhanden sind. Wenn die Lieferprozesse die Teile nicht innerhalb der festgelegten Randbedingungen und Parameter bereitstellen, so wird die Selbststeuerung nicht funktionieren.

Mit Kanban Schwankungen ausgleichen

Selbststeuernde Regelkreise bedeuten also eine erhöhte Anforderung an die Zuverlässigkeit der Lieferprozesse. Diese Art der Steuerung bedeutet auch, dass sich die Auftragshöhe innerhalb eines bestimmten Korridors bewegt. Plötzliche, vor allem sich wiederholende, Schwankungen und Bewegungen außerhalb des Abnahmekorridors führen zum Beispiel bei einem Kanban-System unter Umständen dazu, dass die Zulieferprozesse nicht mehr rechtzeitig Teile nachliefern können. Bei einer segmentierten Fertigung mit dezentraler Fertigungssteuerung werden eventuell nicht rechtzeitig Ressourcen bereitgestellt, um die Auftragswelle anzufangen.

Die Lösung liegt hier in einem „Frühwarnsystem". Immer dann, wenn die Fertigungssteuerung absieht, dass der Schrittmacherprozess sich möglicherweise außerhalb eines definierten Korridors bewegen wird, gibt es einen Warnhinweis an die verbundenen Zulieferprozesse.

Selbststeuernde Regelkreise vereinfachen die Fertigungs- und Montagesteuerung sehr. Anstatt für eine Vielzahl von Teilen und entsprechende Herstellungsprozesse Fertigungsaufträge zu planen, kann sich die Steuerung auf die wesentlichen Prozessketten oder auf Ausnahmen und Sonderfälle konzentrieren.

5.9 Durch kleine Losgrößen die Flexibilität erhöhen

Klassische Planung: Große Lose

Bei der herkömmlichen Fertigungssteuerung ist eine Planungsprämisse, möglichst große zusammenhängende Lose zu bilden. Dadurch soll häufiges Umrüsten vermieden und die Auslastung der Ressourcen erhöht werden. In Abbildung 60 ist ein typisches Beispiel dargestellt, wie aus Kundenbedarfen ein Wochenprogramm für eine Produktion, die vier verschiedene Teile in unterschiedlichen Mengen herstellen soll, zusammengefasst und geplant wird.

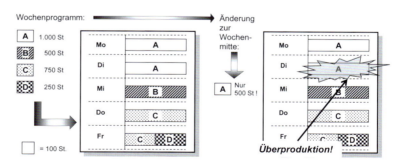

Abbildung 60: Planung mit der Prämisse »große Lose«

Beispiel: Fertigungssteuerung

Die Fertigungssteuerung schaut in der Regel mehrere Tage (in obigem Beispiel eine Woche) in die Zukunft und sieht die im System abgebildeten Kundenbedarfe. Diese Mengen werden dann zu entsprechenden Fertigungsaufträgen zusammengefasst. Im vorliegenden Beispiel führt das dazu, dass die Anzahl der Rüstvorgänge innerhalb einer Woche auf vier beschränkt bleibt, zumindest in der Planung. Allerdings bedeutet das auch, dass die maximale Wartezeit für eine erneute Fertigung der jeweiligen Teile von drei Tagen (Teil A) bis zu 4,5 Tagen (Teil D) reicht. Treffen also beispielsweise zusätzliche Kundenaufträge am Montagmorgen für das Teil D ein, so muss bis Freitagnachmittag gewartet werden, bis dieses Teil produziert wird.

Flexibilität geht verloren

Ergeben sich im Laufe der Woche noch Änderungen in den Stückzahlen, so kann darauf nur noch mit einer geringen Flexibilität reagiert werden. Verschiebungen in den Mengen lassen sich durchaus noch abfangen, wenn das Teil noch nicht produziert wurde. Wenn sich beispielsweise am Mittwoch die Bedarfe für das Teil D verändern, so kann die Produktionsmenge noch angepasst werden – allerdings zu Lasten anderer Teile, deren Mengen dann angepasst werden müssen. Stellt sich jedoch am Mittwoch heraus, dass seitens des Kunden am Freitag doch kein Bedarf mehr für die Teilegruppe A besteht, so ist eine Änderung nicht mehr möglich. Die Teile wurden bereits am Montag und Dienstag produziert und liegen jetzt auf Lager - ein typischer Fall von Verschwendung in Form von Überproduktion (Abbildung 60).

„Eingefrorene Zone" als Lösung?

Lange Zeit wurde das System der „eingefrorenen Zonen" als Lösungsansatz propagiert. Um zu verhindern, dass innerhalb der Reichweite eines Produktionsplans Änderungen durchgeführt werden, wird dieser Planungszeitraum „eingefroren" und steht somit nicht mehr für Änderungen zur Verfügung. Im vorliegenden Beispiel wäre dieser Planungszeitraum eine Woche. Mit Erstellung des Produktionsplans, zum Beispiel Freitagnachmittag, ist die nächste Woche dann nicht mehr veränderbar. Dieser Planungsansatz ist auch heute noch vielfach anzutreffen. Er führt dazu, dass die Produktion in der eingefrorenen Zone wie geplant ruhig und ohne Störungen (Umrüsten durch Veränderung der Kundenbedarfe) ablaufen kann. Andererseits ist die Flexibilität eines derartigen Planungsansatzes ausgesprochen gering.

Mehr Flexibilität heißt: Häufiger Rüsten

Lässt man eine unbeschränkte Reaktion auf Änderungen der Bedarfe zu, so wird die Anzahl der Rüstvorgänge immens ansteigen. Dies führt zu einer Verringerung der Ausbringung und einem Verlust an Wirtschaftlichkeit. Dennoch sollte überlegt werden, inwieweit eine Verringerung der Losgröße möglich ist, um eine deutlich höhere Flexibilität und bessere Reaktionsfähigkeit auf kurzfristige Änderungen zu erreichen. Dabei muss natürlich die Wirtschaftlichkeit einer Prozesskette gewährleistet bleiben. Abbildung 61 zeigt das oben dargestellte Beispiel, in dem die jeweilige Losgröße halbiert wurde.

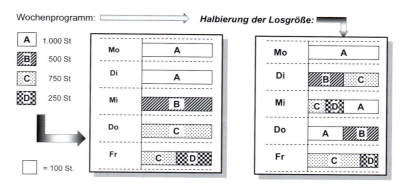

Abbildung 61: Mehr Flexibilität durch Halbierung der Losgröße

Losgrößen verkleinern - aber wirtschaftlich!

Als Folge dieser Maßnahmen verdoppelt sich die Anzahl der notwendigen Rüstvorgänge, aber die maximalen Wartezeiten für eine erneute Produktion halbieren sich auf Werte zwischen 1,5 Tagen (Teil A.) und 2,25 Tagen (Teil D). Stellt sich jetzt am Mittwoch heraus, dass ein veränderter Bedarf für das Teil A besteht, so kann kurzfristig reagiert und dieser Bedarf abgebildet werden. Das bedeutet einen erheblichen Gewinn an Flexibilität und eine deutliche Reduzierung der Verschwendung. Das Ziel einer am Wertstrom orientierten Gestaltung von Prozessketten heißt, Verschwendung zu minimieren und Flexibilität zu erhöhen. Man muss also darüber nachdenken, wie Losgrößen verkleinert werden können und trotzdem die Wirtschaftlichkeit des Systems erhalten bleibt.

Kanban fordert kleine Losgrößen

Die Suche nach der Möglichkeit, kleine Losgrößen wirtschaftlich darzustellen, bekommt bei der Einführung selbststeuernder Regelkreise oder einer Schrittmachersteuerung sogar noch eine weitergehende Bedeutung. Die Zulieferprozesse müssen möglichst flexibel auf die Bedarfe des Abnahmeprozesses reagieren können, um die Bestände zwischen Zuliefer- und Abnahmeprozessen möglichst gering zu halten. Bei einem Kanban-Regelkreis kann das einfach verdeutlicht werden: Die Kanban-Karten kommen je nach Bedarf des Abnehmerprozesses in einem kontinuierlichen Fluss beim Zulieferprozess an. Dieser muss nun versuchen, auf die Entnahmen im Kanban-Lager möglichst flexibel zu reagieren und dieses innerhalb der festgelegten Wiederbeschaffungszeit wieder aufzufüllen. Hier stehen nun zwei Forderungen gegenüber: Auf der einen Seite sollen die Bestände im Lager möglichst gering gehalten werden, um Verschwendung zu vermeiden, auf der anderen Seite soll die Produktion im Zulieferprozess möglichst wirtschaftlich sein.

Kleine Losgrößen lassen sich nur schrittweise erreichen

In einer schlanken Produktion wird versucht, die Losgrößen so weit wie möglich zu reduzieren. Bei der Betrachtung der Wirtschaftlichkeit wird dabei nicht nur die jeweilige Maschinen-Ausnutzung berücksichtigt. In einer ganzheitlichen Sichtweise widmet man sich auch den Auswirkungen in den vor- und nachgelagerten Prozessen und bei der Fertigungssteuerung. Die Forderung des Wertstromansatzes heißt, die Fähigkeit zu entwickeln, jedes Teil in möglichst kurzen Abständen immer wieder produzieren zu können. Dabei wird davon ausgegangen, dass es sich bei der Entwicklung dieser Fähigkeit um einen kontinuierlichen Prozess handelt, durch den die Zeitintervalle, innerhalb derer sich die Produktion eines Teiles wiederholen kann, im Laufe der Zeit immer weiter reduzieren lassen.

Ansätze für kleine Losgrößen

Nach wie vor nicht beantwortet ist jedoch die Frage, wie sich die Losgrößen tatsächlich verkleinern lassen. Bei der Gestaltung von schlanken Produktionssystemen nach dem Wertstromansatz gibt es drei mögliche Ansätze (Abbildung 62):

- Rüsten,
- Maschinenverfügbarkeit,
- Bearbeitungszeit.

Gelegentlich wird auch die Kapazitätserweiterung durch zusätzliche Maschinen als Gestaltungsmöglichkeit einbezogen. Dieser Ansatz ist jedoch die letzte Möglichkeit, mehr Zeit für Umrüstvorgänge und somit kleinere Lose zu erhalten. Diese Lösung ist nur bedingt mit dem Ansatz einer verschwendungsarmen Produktion vereinbar, da die Gefahr besteht, die eigentlichen Stellschrauben Rüst- und Ausfallzeiten nicht konsequent genug zu optimieren.

Beim Rüsten wird klassischerweise optimiert, um die Stillstandzeiten einer Maschine zu reduzieren und somit die Ausbrin-

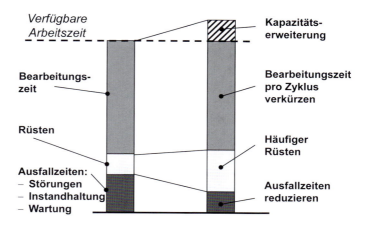

Abbildung 62: Stellgrößen für die Verkleinerung der Losgrößen

Kleine Losgrößen für mehr Flexibilität

gung zu erhöhen, nicht jedoch, um zusätzliche Rüstvorgänge zu ermöglichen. Genau das soll jedoch bei einer Wertstromorientierten Optimierung erreicht werden. Gleichzeitig werden Rüstvorgänge nicht mehr als zu vermeidende Zeiten angesehen, sondern gezielt zur Segmentierung der Fertigungslose eingesetzt. Das Ziel ist nicht mehr die Schaffung möglichst großer Lose, sondern kleiner Pakete, die dann zielgerichtet auf die verfügbaren Ressourcen aufgeteilt werden.

Rüstzeiten sind nicht stabil

Bei einer wertstromorientierten Optimierung der Rüstvorgänge wird zunächst untersucht, wie oft tatsächlich gerüstet wird. Wie bereits erwähnt, verlaufen viele Rüstvorgänge aufgrund von Änderungen in bereits festgelegten Produktionsplänen ungeplant. Daher ist es ein Teil des Mappings, die tatsächliche Anzahl der Rüstvorgänge, ggfs. hinterlegt durch eine Detailanalyse, zu ermitteln. Dabei ist es auch von Bedeutung, die tatsächlich für das Rüsten benötigte Zeit zu ermitteln. In den meisten Planungssystemen sind Zeiten hinterlegt, die nur bedingt bis gar nicht mit der Realität übereinstimmen. Nicht nur, dass diese Zeiten in der Regel nicht stimmen. Die Rüstzeiten sind auch noch abhängig von den Personen, die die Rüstvorgänge durchführen. Es gibt kaum einen Prozess, der bei den meisten Firmen so ungeplant und unorganisiert abläuft, wie das Rüsten. Oftmals gibt es keine fixierten und durchdachten Ablaufbeschreibungen, und die Dauer ist stark von der Qualifikation der jeweiligen Mitarbeiter/innen abhängig.

Häufiger Rüsten ist weniger Aufwand

Die wesentliche Stellgröße beim Rüsten ist die Reduzierung der Zeit für die einzelnen Rüstvorgänge. Anhand des Beispiels in Abbildung 63 ist ersichtlich, wie bereits eine Reduzierung der Zeit für einen Rüstvorgang um 10 % dazu führen kann, dass bei gleicher Ausbringung innerhalb einer Woche die Anzahl der Rüstvorgänge entsprechend erhöht und somit die Losgröße entsprechend reduziert werden kann, ohne dass Wertschöpfungszeit verloren geht. Die in den Beispielen berechnete Erhöhung der Anzahl der Rüstvorgänge um sechs pro Woche bedeutet jetzt aber nicht eine erhöhte Ineffizienz. Dadurch, dass die Ausbringung gleich bleibt, gleichzeitig jedoch die Losgröße reduziert und somit die Flexibilität erhöht wird, sinkt die Verschwendung durch Überproduktion. Das wird sich dann in einer Reduzierung der Bestände zwischen dieser und der nächsten Prozesskette bemerkbar machen.

		Ausgangslage	Verbesserung…			
			…Rüstzeit	…Rüstzeit	…Maschinen-verfügbarkeit	…Bearbeitungszeit
	Verbesserung um…		10%	30%	5%	5%
Schichten		2	2	2	2	2
Arbeitszeit		8 h pro Schicht	8	8	8	8
		480 min pro Schicht	480	480	480	480
BZ pro Teil		2 min pro Schicht	2	2	2	1,9
MV		85%	85%	85%	90%	90%
		408 min pro Schicht	408	408	432	432
		4080 min pro Woche	4080	4080	4320	4320
Rüsten						
Dauer		20 min pro Vorgang	18	14	14	14
Umrüstvorgänge		**50 pro Woche**	56	71	89	100
Rüsten insgesamt		1000 min pro Woche	1008	994	1246	1394
Wertschöpfungszeit		3080 min pro Woche	3072	3086	3080	2926
		61,6 min pro Los	55	43	35	29
Teile pro Los		31	28	22	18	15
Hergestellte Teile		pro Woche	1540			

Abbildung 63: Möglichkeiten zur Flexibilitätserhöhung

Eine Reduzierung der Zeit für einen Rüstvorgang um 10 %, wie in dem Beispiel angegeben, ist jedoch noch keine signifikante Verbesserung. Untersucht und optimiert man die Tätigkeiten beim Rüsten mit den gleichen Methoden wie bei einem Mapping auf Prozessebene, so zeigt sich in der Praxis, dass Verbesserungen von 30 % und mehr durchaus keine Seltenheit sind. In der in Abbildung 63 dargestellten Rechnung ergibt sich bei einer Reduzierung der Zeit für einen Rüstvorgang um 30 % eine mögliche Erhöhung der Anzahl der Rüstvorgänge um fast 50 %. Damit könnten dann in dem beschriebenen Beispiel bei zwei Schichten nahezu 75 Lose pro Woche produziert werden – man stelle sich diese Erhöhung der Flexibilität vor!

Mapping von Rüstvorgängen

Um Rüstzeiten zu verbessern, werden im Rahmen einer sogenannten Rüstaufnahme die einzelnen Tätigkeiten eines Rüstvorganges genauso wie bei einer Analyse einzelner Prozessschritte durchleuchtet. Zunächst erfolgt eine Aufnahme der einzelnen Aktivitäten, genau wie bei einem Mapping durch Beobachten, am besten unterstützt durch eine Video-Aufzeichnung. Dann werden diese Tätigkeiten analysiert und in Kategorien aufgeteilt:

- Interne Rüstvorgänge – Tätigkeiten, während die Maschine still steht
- Externe Rüstvorgänge – Tätigkeiten, die durchgeführt werden können, während die Maschine noch läuft

Rüsten systematisch organisieren

Die Dauer der internen Rüstvorgänge wird drastisch verkürzt, indem man versucht, aus internen Vorgängen externe zu machen. Es wird überlegt, welche Tätigkeiten vorbereitend durchgeführt werden können. Dazu zählen beispielsweise alle Tätigkeiten, bei denen Hilfsmittel bereitgestellt werden (z.B. den Staubsauger zur Reinigung des Werkzeugraums nicht erst holen, wenn die Maschine schon steht, sondern vorher). Danach werden die internen Vorgänge optimiert. Zunächst werden dazu die Vorgänge festgehalten und im Einzelnen beschrieben. In einer Checkliste wird dann beschrieben, welche Vorbereitungen wann für welche Tätigkeiten erfolgen müssen und in welcher Reihenfolge welche Tätigkeiten abgearbeitet werden. Vergleichbar ist dies mit der Checkliste, die eine Flugzeugbesatzung vor dem Start abarbeitet. Diese standardisierte Beschreibung stellt sicher, dass keine Schritte vergessen und diese in einer sinnvollen und optimierten Reihenfolge durchgeführt werden. Der Grundsatz: „Kein Rüsten ohne systematische Vorbereitung!" führt alleine schon zu einer erheblichen Zeitersparnis beim Rüsten – vor allem, wenn die Ausführung der Tätigkeiten entsprechend trainiert wird. Als Beispiel sei das Rüsten bei einem Extrusionsbetrieb genannt: Nur durch organisatorische Maßnahmen wurde eine Reduktion der Rüstzeiten von 3,5 auf 2,5 Stunden im ersten Ansatz erreicht.

Schließlich werden Werkzeuge und Hilfsmittel auf Optimierungspotential untersucht. Beispielsweise muss geprüft werden, ob bei Werkzeugbefestigungen tatsächlich mehrere verschiedene Schraubengrößen notwendig sind. Denn dies bedeutet, dass der Werker mehrere Schraubenschlüssel benutzen muss. Beispiels-

Werkzeuge optimieren erst im zweiten Schritt

weise konnte bei dem oben genannten Extrusionsprozess die Zeit für den Farbwechsel dadurch verkürzt werden, dass alle Einstellschrauben auf ein Maß genormt wurden. Somit entfielen die Wege des Werkers zu seinem Werkzeugkasten, da er vorher nicht alle Schraubenschlüssel-Größen in der Tasche haben konnte.

Schrittweise Verbesserungen

Schnellspanneinrichtungen sind ein weiteres, häufig angewandtes Mittel, um Rüstvorgänge während der Hauptzeit zu verkürzen. Diese Maßnahmen sind mit Investitionen verbunden, ebenso wie Ansätze, während des laufenden Betriebes der Maschine die Werkzeuge auf einem zweiten Schlitten vorzurüsten. Hier wird man keine schnellen Erfolge erzielen, sondern schrittweise Verbesserungen vornehmen, die dann allerdings signifikant sein können. Eindrucksvolle Beispiele finden sich in der Automobilindustrie: So hat Toyota die Rüstzeiten für eine 1.000 t - Gesenkpresse von 4 Stunden auf 3 Minuten reduziert. Audi konnte die Rüstzeiten für Karosserie-Pressen von 6 Stunden auf 20 Minuten senken.

Zuverlässigkeit der Maschinen als weitere Stellgröße

Ein weiterer Schritt ist, wie eingangs erwähnt, die Verbesserung der Maschinenzuverlässigkeit. Die entsprechenden Maßnahmen werden heute meist, genau wie das Optimieren der Rüstzeiten, zur Erhöhung der Ausbringung durchgeführt. Betrachtet man jedoch erneut die in Abbildung 63 dargestellte Rechnung, so zeigt sich, dass bereits eine Erhöhung der Maschinenverfügbarkeit um fünf Prozentpunkte die Möglichkeit schafft, bei gleicher Ausbringung mehr als 20 % häufiger umzurüsten! Gegenüber der Ausgangssituation von 50 Losen pro Woche sind jetzt nahezu 75 Lose pro Woche möglich.

Mit TPM Störungen reduzieren

Auch dieses Ziel ist nicht einfach zu erreichen. Vielmehr erfordert es eine systematische Herangehensweise an die Bereiche Maschineninstandhaltung und –wartung, Störungsmanagement und Mitarbeiterqualifikation. In schlanken Produktionssystemen haben diese Themenbereiche daher auch eine besondere Bedeutung. Wenn die Zahl der Rüstvorgänge erhöht und die Größe der einzelnen Produktionslose reduziert wird, steigt oftmals auch das Risiko von Störungen, insbesondere beim Anlauf. Ein Ansatz, hier Abhilfe zu schaffen, ist das Konzept des „Total Productive Maintenance" TPM. Erfahrungen aus der Praxis zeigen, dass mit diesem Konzept die Maschinenverfügbarkeit um bis zu 40 %

gesteigert und ungeplante Ausfälle nahezu eliminiert werden können.

Schließlich bleibt noch die Bearbeitungszeit als Stellgröße. Eine Reduzierung der Bearbeitungszeit um 5 % würde in dem aufgeführten Beispiel eine weitere Erhöhung der Anzahl der durchführbaren Umrüstvorgänge um nahezu 15 % bringen. Alle drei Stellschrauben zusammen führen letztlich zu der gewünschten Verringerung der Losgröße und somit zu einer deutlichen Erhöhung der Flexibilität. Abbildung 63 zeigt ein Beispiel, bei dem die pro Woche produzierbaren Lose um mehr als 50 % erhöht wurden, bei gleicher Ausbringung und geringerer Stückzahl pro Los.

Fertigungssteuerung muss mitziehen

Das Schaffen der Möglichkeit, häufiger zu rüsten, macht jedoch erst dann Sinn, wenn seitens der Fertigungssteuerung nachhaltig darauf verzichtet wird, Stückzahlen zu großen Losen zusammenzufassen. Erhöhung der Flexibilität, um Änderungen der Kundenwünsche abzufangen, bedeutet, das Prinzip der möglichst kleinen Lose konsequent durchzuhalten. Solange der Horizont, über den hinweg die Fertigungssteuerung Kundenaufträge sieht und einplanen kann, nach wie vor lang ist, wird immer versucht werden, in Aussicht stehende Bedarfe für gleiche Teile zu großen Fertigungslosen zusammenzufassen. Daher bietet sich an, der Fertigungssteuerung den Zeithorizont für die Planung von Aufträgen zu beschränken. Dann muss die durch

Planungshorizont einschränken

die oben beschriebenen Maßnahmen erreichte Flexibilität auch tatsächlich genutzt werden. Dieses Umdenken ist im Übrigen eine der größten Hürden auf dem Weg zu schlanken, Wertstromorientierten Prozessabläufen. Viel zu oft zeigt die Praxis, dass, sobald die Möglichkeit besteht, die Anzahl der Rüstvorgänge durch Zusammenfassung von Teilaufträgen zu reduzieren, dies auch genutzt wird. Genau das Gegenteil muss aber passieren: Statt mehrere kleine Aufträge zu großen Fertigungsaufträgen zusammenzufassen, muss versucht werden, große Aufträge in kleinere Teillose aufzuteilen.

Losgrößenoptimierung ist unwirtschaftlich

Bei der Zusammenfassung von Aufträgen zu großen Losen entsteht einerseits Verschwendung durch zu frühe Produktion oder durch Überproduktion bei Änderung der Kundenbedarfe. Andererseits entsteht auch der Effekt, dass diese großen Lose kleinere

Kundenaufträge blockieren. Das ist der Grund dafür, dass oftmals die Durchlaufzeit für kleinere Stückzahlen unangemessen hoch im Verhältnis zur reinen Bearbeitungszeit ist. Die vermeintliche „wirtschaftliche Losgrößenoptimierung" führt zu einer unwirtschaftlichen und nicht kundenorientierten Gesamtkette, weil der Ablauf nicht ganzheitlich betrachtet wird.

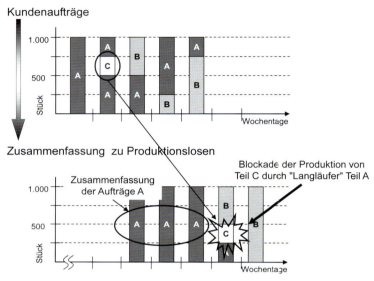

Abbildung 64: Blockade kleiner Kundenaufträge durch große Lose

Kleinere Losgrößen schaffen Wettbewerbsvorteil

Ein weiterer Aspekt bei der Schaffung der Fähigkeit, kleinere Lose herzustellen, ist die Möglichkeit, dass auch Kunden mit geringen Bedarfen wirtschaftlich bedient werden können. Häufig wird das Ziel verfolgt, möglichst große Kundenaufträge zu bedienen und dabei die kleineren Aufträge zu vernachlässigen, weil diese die Produktion „stören". Schafft man jedoch systematisch seitens der Produktion die Möglichkeit, in kleineren Losgrößen zu arbeiten, kann das auch vom Vertrieb und vom Marketing strategisch als Wettbewerbsvorteil platziert werden.

Ist durch die gezeigten Optimierungen die Möglichkeit geschaffen worden, Pakete mit kleineren Losgrößen in der Fertigung einzusteuern, so können auch kleinere Aufträge schnell und zeitnah abgewickelt werden. Das bedeutet allerdings, dass Kundenaufträge mit hoher Stückzahl aufgeteilt und ebenfalls in kleineren Paketen eingesteuert werden. Diese Aufträge werden

Aufträge in kleine Losgrößen aufteilen

sich möglicherweise in ihrem Durchlauf verlängern, was jedoch in der Regel durch die schnellere Reaktionsfähigkeit der Prozesskette und eine deutlich beschleunigte Abwicklung und Steuerung kompensiert wird. Das Einsteuern von kleinen Paketen bringt im Ergebnis klare Vorteile:

- Gleichmäßiger Ablauf in der Prozesskette, da nach der Durchlaufzeit der Pakete ausgerichtet
- Deutlich erhöhte Reaktionsfähigkeit gegenüber Änderungen
- Geringere Bestände innerhalb der Prozesskette und vor allem zwischen aufeinander folgenden Ketten
- Erheblich reduzierte Verschwendung.

Mehr Flexibilität durch Bildung von Paketen

In wertstromorientierten Systemen wird diese Einsteuerung von kleinen Paketen ganz gezielt und konsequent gehandhabt. Sehr häufig werden Regeln aufgestellt, dass nach einer bestimmten Anzahl gleicher Pakete solche mit anderen Teilen folgen müssen – natürlich vorausgesetzt, die Aufträge dafür sind vorhanden (Abbildung 65). Dabei kann die Größe der Pakete, also die jeweilige Losgröße, innerhalb bestimmter Grenzen durchaus variabel sein.

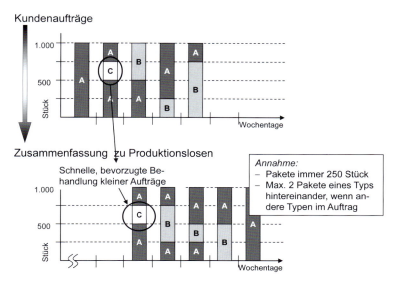

Abbildung 65: Einplanen fester Pakete zum Erreichen einer höheren Flexibilität

Dieser Ansatz ermöglicht es auch den Zulieferprozessen, flexibel auf die Anforderungen der abnehmenden Prozessketten zu reagieren. Je geringer die Losgröße in den Paketen ist und je häufiger umgerüstet werden kann, desto flexibler und schneller kann der Zulieferprozess auf die Abnahmen reagieren. Dadurch werden zum Beispiel in einem Kanban-Kreislauf die Parameter Wiederbeschaffungsmenge und –zeit sowie Sicherheits- und Mindestbestand direkt beeinflusst. Natürlich ist das ein Weg, der nicht „von heute auf morgen" funktioniert. Vielmehr müssen hier oftmals mühselige Schritte vollzogen werden, bei denen Rüstzeiten minimiert und die Planungsparameter Schritt für Schritt verändert werden.

Flexibilität senkt Bestände

5.10 Planung und Steuerung der Fertigung

Die im vorigen Kapitel beschriebene Reduzierung der Losgrößen und Einführung fester Auftragspakete, die in die Fertigung eingesteuert werden, haben genauso große Auswirkungen auf die übergeordnete Fertigungssteuerung wie die Etablierung selbststeuernder Regelkreise. Bei letzteren ist eine übergeordnete Fertigungssteuerung nahezu überflüssig; Ihre Aufgaben beschränken sich auf die Überwachung des Steuerungskreises und der eingesetzten Hilfsmittel, falls diese überhaupt durchgeführt wird. Bei der Einsteuerung fester Pakete mit reduzierter Losgröße werden die Aufgaben einer übergeordneten Fertigungssteuerung drastisch reduziert: Es ist nicht mehr erforderlich, durch Blick in die Zukunft Aufträge zusammenzufassen und entsprechende Lose zu bilden. Vor allem erübrigt sich die Reaktion auf kurzfristige Änderungen, die ein Grund für erhebliche Aufwendungen in der Fertigungssteuerung sind. Stattdessen müssen die in einem kurzen und überschaubaren Zeitfenster ankommenden Aufträge in Pakete aufgeteilt und entsprechend den Vorgaben sortiert werden. Diesen Planungsvorgang bezeichnet man in der Wertstrom-Methode auch als „Produktionsnivellierung". In einem Wertstrom-Mapping gibt es dafür ein feststehendes Symbol, den so genannten „OXOX-Kasten". Dieser Begriff hat sich eingebürgert, weil er das tatsächliche Geschehen wiedergibt: Die Planung der Reihenfolge, so dass ein möglichst flexibles Produktionsmix entsteht (Abbildung 66).

Aufwand für Steuerung wird reduziert

Produktionsnivellierung

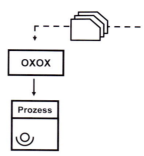

Abbildung 66: Produktionsnivellierung im Wertstrom-Mapping

Heijunka-Board als Hilfsmittel

Die Reihenfolgeplanung für den Schrittmacherprozess wird von einer übergeordneten Fertigungssteuerung durchgeführt. Die Planung für eine Prozesskette in einem selbststeuernden Regelkreis dagegen kann und sollte vor Ort, also durch die Prozesskette selber, durchgeführt werden. Um diese Planung einfach überschaubar zu machen, wird im Rahmen der Wertstrom-Methode oftmals das so genannte „Heijunka-Board" als Hilfsmittel eingesetzt. Dieses Hilfsmittel ist vergleichbar mit der in deutschen Betrieben oftmals eingesetzten Plantafel, nur dass es an die Notwendigkeiten einer Produktionsnivellierung angepasst ist. In Abbildung 67 ist ein solches Planbrett in einfacher Ausführung gezeigt. In diesem Beispiel deckt die Paketgröße 60 Minuten Produktionszeit ab, weshalb pro achtstündiger Schicht acht Spalten zur Verfügung stehen. Insgesamt zwei Teilevarianten können in der Prozesskette hergestellt werden. Jede der Teilevarianten wird durch eine Zeile dargestellt. Jeweils drei Pakete einer Teilevariante dürfen maximal hintereinander gefertigt werden, dann

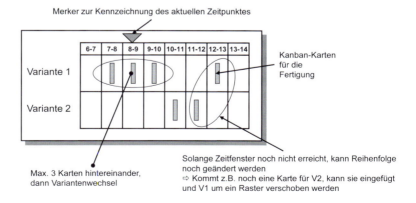

Abbildung 67: Produktionsnivellierung, einfache Struktur

muss, falls Aufträge für die andere Variante vorhanden sind, umgerüstet werden.

Einfache visuelle Steuerung

Die eintreffenden Kanban-Karten werden nun gesammelt und in die einzelnen Fächer der Teilevarianten verteilt. Dabei muss beachtet werden, dass immer maximal drei gleiche Karten hintereinander eingesteckt werden, damit die Flexibilität gewährleistet wird. Der Planer kann nun die Karten solange noch umsortieren, bis das entsprechende Zeitraster an der Reihe ist, produziert zu werden. Da allerdings für die Umrüstung oftmals Einrichter mit einem gewissen zeitlichen Vorlauf eingeplant werden, liegt der Punkt, bis zu dem er noch verändern kann, unter Umständen einige Zeitfenster vor dem Produktionsstart. Der Zeiger am oberen Rand kennzeichnet im Übrigen den aktuellen Zeitpunkt. Sind noch Karten in Fächern vorhanden, die zeitlich vor dem Zeiger liegen, so ist eine Unterbrechung in der Produktion vorhanden.

Eine komplexere Form der Produktionsnivellierung ist in Abbildung 68 dargestellt. Es handelt sich hierbei um eine Montage in mehreren Schritten, bei dem die Zulieferteile für die verschiedenen Produktvarianten, von denen es insgesamt fünf gibt, teilweise unterschiedlich sind. Das Umstellen auf eine andere Produktvariante besteht hier nicht nur darin, dass Einrichtungen umgerüstet werden müssen. Vielmehr müssen auch andere

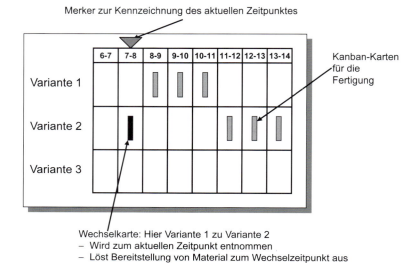

Abbildung 68: Produktionsnivellierung, komplexe Struktur

Einbauteile aus einem Supermarkt an die einzelnen Montagestationen geliefert werden.

Varianten-Wechsel

Auch bei diesem Heijunka-Board stellen die Spalten die einzelnen Zeitraster dar. Die Zeilen wiederum repräsentieren die einzelnen Varianten. Für die Umstellung auf eine neue Teilevariante werden vier Zeitraster benötigt – zunächst muss die Information über den Variantenwechsel an den Supermarkt, wo die neuen Bauteile zusammengestellt werden. Dann werden diese an die Montageplätze geliefert und in die dort vorhandenen Kanban-Regale eingespeist. Um diese Aktionen rechtzeitig anzustoßen, sind speziell gekennzeichnete „Wechselkarten" eingeführt worden. Diese Karten werden vom Planer entsprechend vier Zeitraster vor der Umstellung in das Heijunka-Board gesteckt, und zwar in die Zeile der Variante, auf die umgestellt werden soll. Der Bereitsteller entnimmt rechtzeitig die Karten und löst somit die notwendigen Tätigkeiten aus. Kommen dann die Kanban-Karten für die neue Teilevariante in die Montage, dann sind die benötigten Teile bereitgestellt und am Arbeitsplatz vorhanden.

Geringer Steuerungsaufwand, hohe Disziplin

Derartige Planungssystematiken sind komplex und erfordern ein hohes Maß an Disziplin bei den Beteiligten. Dafür ist der Steuerungsaufwand ausgesprochen gering. Wie das letzte Beispiel zeigt, können so selbst umfangreiche Variantenwechsel lokal arrangiert und vorbereitet werden. Eine übergeordnete Fertigungssteuerung ist somit nicht mehr erforderlich. Auffällig ist, dass derartig organisierte Systeme in der Regel ohne Hektik in ausgesprochener Ruhe ablaufen. Die Nivellierung der Prozessketten und die damit verbundene Reduzierung der Verschwendung sind sicht- und spürbar.

Steuerung von Zulieferprozessen

Auch die Versorgung der Prozessschritte muss nicht mehr zentral gesteuert werden. Entweder sind die benötigten Teile direkt am Arbeitsplatz oder zumindest in unmittelbarer Nähe verfügbar, zum Beispiel in Form von Kanban-Lagern, oder sie werden aus einem Supermarkt geliefert. Nutzt man die oben beschriebene Steuerungssystematik, so wird die Zulieferung über das Heijunka-Board gesteuert. Die dort eingeplanten Karten lösen die Zulieferung aus, genau wie dann auch die Prozesskette. Für die Produktionsversorgung mit den benötigten Teilen wird häufig ein so genannter „Milkrun" eingesetzt (Abbildung 69).

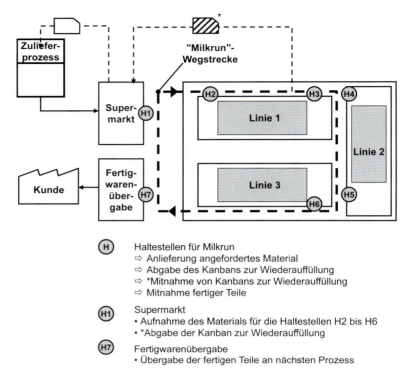

Abbildung 69: Einsatz eines „Milkrun" zur Produktionsversorgung

Versorgung durch Milkrun

Dabei handelt es sich um einen Produktionsversorger, der regelmäßig eine bestimmte Strecke mit festgelegten Stationen und definiertem Zeitplan abfährt, ähnlich dem amerikanischen Milchmann, und diese Stationen mit Material versorgt. Dabei füllt er vorhandene Kanban-Lager an den Arbeitstationen auf, nimmt Kanban-Karten oder Signal-Kanbans mit zurück und versorgt die Stationen mit Teilen aus dem Supermarkt.

Optimierung ist einfach möglich

Diese Form der Abwicklung muss genau geplant und ausgetüftelt werden. Da in der Regel mit Karten und nicht mit fest verdrahteten EDV-Systemen gearbeitet wird, besteht die Möglichkeit, immer wieder anzupassen und auch weiter zu optimieren – und das ohne großen Aufwand. Darüber hinaus sind die Abläufe für alle Beteiligten transparent und nachvollziehbar, im Gegensatz zu den traditionellen Steuerungen über komplexe EDV-Systeme, bei denen die im Rechner stattfindenden Planungen für die Mitarbeiter/innen vor Ort meist nicht nachvollziehbar sind. Allerdings müssen die beteiligten Mitarbeiter/innen soweit qualifiziert werden, dass sie die Zusammenhänge verstehen und mit entsprechender Disziplin arbeiten.

5.11 Technik wertstromgerecht gestalten

Technik zur Unterstützung

Die Gestaltung der technischen Hilfsmittel hat viele Aspekte. Das beginnt bei der Optimierung der Werkzeuge, um kürzere Rüstzeiten zu erreichen, reicht über die Gestaltung von Hilfsmitteln für die selbststeuernden Regelkreise und die Gestaltung von Arbeitsplätzen bis hin zur vollkommen Umgestaltung der technischen Prozesse. Diese Umgestaltung kann von einer einfachen Umstellung von Arbeitsstationen bis hin zu vollkommen neu gestalteten Prozessen, auch mit neuen Arbeitsinhalten, reichen.

Beispiel: „Running line"

Ein Beispiel: Während vor der Wertstromanalyse die einzelnen Maschinen zwar hintereinander standen, aber nicht in einem kontinuierlichen Fluss verkettet, ist als Ergebnis der Optimierung eine durchgehende Kette geschaffen worden. Dabei stehen sich nun zwei Prozessketten gegenüber, die jeweils kreisförmig von zwei Mitarbeitern durchlaufen werden. Die Werkstücke werden auf Träger aufgelegt, die auf einer Schiene an der Vorderseite der Maschinen entlang laufen. Der Mitarbeiter schiebt die Werkstücke in den Arbeitsraum der Maschine, startet den Prozess und geht weiter. Dabei schiebt er das bearbeitete Werkstück, das automatisch von der Maschine ausgeworfen worden ist, weiter bis zur nächsten Station. In der hier realisierten Lösung sind eine Reihe technischer Anpassungen zu finden: Die Verschiebeschiene ist extra konstruiert worden, ebenso die Werkzeugträger. Dann mussten die Arbeitsräume der Maschine so umgestaltet werden, dass die Werkstücke auf ihren Trägern bleiben, in die Maschine geschoben und dort auf den Trägern bearbeitet werden konnten. Gleichzeitig musste auch die Werkstück-Konstruktion leicht angepasst werden, damit das Teil während der gesamten Prozesskette auf dem gleichen Träger bleiben kann.

Möglicherweise neue Technologien notwendig

Oft stellt sich die Frage, ob eingesetzte Technologien beibehalten werden können. Nicht immer können die Prozesse die Anforderungen einer wertstromgerechten Optimierung erfüllen. Das kann unterschiedliche Gründe haben: Die Prozesse verfügen nicht über die notwendige Prozesssicherheit oder sie können die geforderten Parameter wie Zyklus- oder Bearbeitungszeit nicht erfüllen. Auch Prüfvorgänge dauern oft zu lange oder sind an einer Stelle vorgesehen, die für einen wertstromgerechten Ablauf nicht optimal ist.

Beispiel: Änderung der Technologie

In Abbildung 70 sind zwei Beispiele dargestellt, bei denen die Bearbeitungstechnologien geändert werden mussten. Im ersten Fall wurde das Anlöten von Steckern an Kabel durch Crimpen ersetzt. Das Löten, in diesem Fall manuell, war zum einen nicht prozesssicher genug. Zum anderen war die Zykluszeit zu unterschiedlich, um sie mit einem nachfolgenden Prozess zu synchronisieren. Im anderen Beispiel wurde das Messen von Schaltungen und das Ausschleusen defekter Teile in der Prozesskette nach vorne verlegt, um in der Prozesskette eine zuverlässige und vor allem berechenbare Ausbringung zu bekommen.

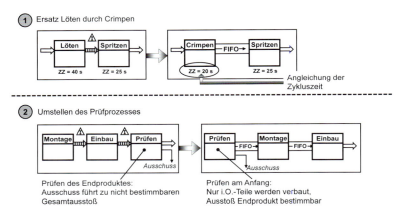

Abbildung 70: Anpassung von Bearbeitungsverfahren, Beispiele

Technik überdenken

Die Anpassung der Technik an die Anforderungen eines wertstromgerechten Ablaufes erfordert oft eine längere Untersuchung und ist vor allem mit Investitionen verbunden. Sie wird daher oftmals direkt bei der Entwicklung von Visionen abgeblockt. Hier sei an die Leitlinien erinnert, vor allem an das Thema „Bewährtes in Frage stellen". Bei der Entwicklung einer Vision sollte zunächst davon ausgegangen werden, dass Technologien und Hilfsmittel eingesetzt werden, mit deren Hilfe die Anforderungen einer wertstromgerechten Gestaltung erfüllt werden können. Erst bei der ganzheitlichen Beurteilung der Vision und des abgeleiteten Soll-Konzeptes kann beurteilt werden, ob es lohnend ist, weiter in die Suche und das Realisieren entsprechender Lösungen zu investieren.

5.12 Vom Ist über die Vision zum Soll

Sollzustand: Zwischenschritt Richtung Vision

Nachdem das Mapping eines Bereiches erstellt ist, erfolgt die schrittweise Ableitung eines zukünftigen, verschwendungsarmen Zustandes. Wie bereits gezeigt, wird zunächst eine Vision erarbeitet, die sich einzig an der Zielsetzung orientiert, den Ablauf möglichst verschwendungsfrei zu gestalten. Darauf aufbauend wird dann ein Soll-Zustand abgeleitet, der in einem überschaubaren Zeitraum realisierbar ist. Meist handelt es sich dabei um einen Zeithorizont von etwa einem Jahr. Schließlich werden die Maßnahmen abgeleitet, die durchzuführen sind, um zu diesem Soll-Zustand zu kommen.

Schrittweise Ableitung

Nun beginnt die Arbeit an der Vision: Die Entwicklung eines weitestgehend verschwendungsfreien Zustandes. Die Gestaltungsebenen, die auf dem Weg vom Ist-Zustand zu einer Vision durchschritten werden, wurden bereits genannt:

- Rhythmus und Fluss
- Steuerung und Sequenz
- Prozesse und Hilfsmittel

Genau in dieser Reihenfolge wird das Mapping durchgearbeitet und schrittweise optimiert:

- Wie ist der Produktionsrhythmus des betrachteten Bereiches?
- In welchen Abschnitten kann ein kontinuierlicher Fluss geschaffen werden?
- Welche Prozesse müssen tatsächlich gesteuert werden? Was sind die eigentlichen Schrittmacherprozesse und wo können selbststeuernde Regelkreise eingeführt werden?
- Wo können durch Einführung einer Produktionsnivellierung Schwankungen ausgeglichen und Flexibilität erhöht werden?
- Welche Prozesse müssen umgestaltet werden und wo müssen welche neuen Hilfsmittel eingeführt werden?

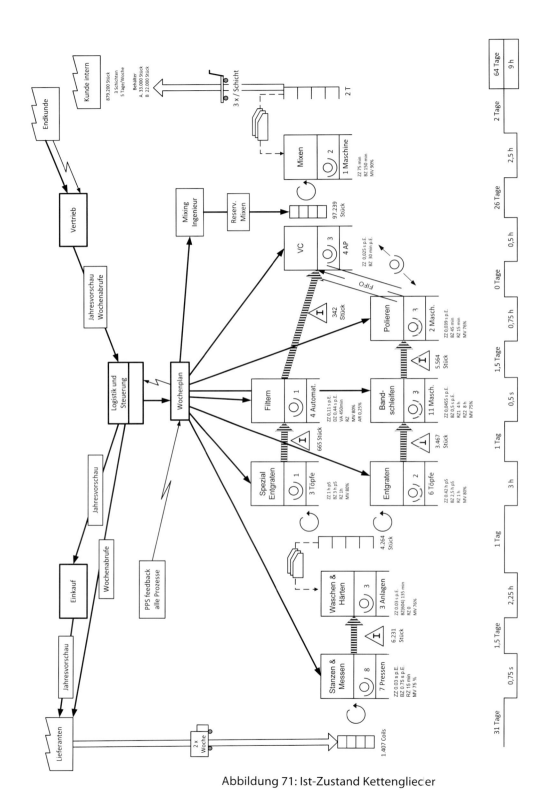

Abbildung 71: Ist-Zustand Kettenglieder

Alles in Frage stellen

Die schrittweise Beantwortung dieser Fragen führt, bei konsequenter Anwendung und Zuhilfenahme der in den vorigen Kapiteln dargestellten Lösungs- und Gedankenansätze, zu verschwendungsfreien oder zumindest verschwendungsarmen Konzepten. Dabei spielt zunächst keine Rolle, ob die Ansätze tatsächlich umsetzbar oder welche Investitionen oder Maßnahmen erforderlich sind.

Beispiel: Kettenglieder für Antriebstechnik

Das Beispiel in den Abbildungen 71 bis 73 zeigt die Herstellung von Kettengliedern für die Antriebstechnik. Im Ist-Zustand sind zum Beispiel unterschiedliche Bearbeitungswege in Abhängigkeit von der Produktvarianz zu finden (genannt seien die Prozessketten „Entgraten – Bandschleifen – Polieren" einerseits und „Spezial-Entgraten – Filtern" andererseits). Gleichzeitig ist zu erkennen, dass die einzelnen Prozesse jeweils auf einer unterschiedlichen Anzahl an Maschinen laufen, die alle verschiedene Zykluszeiten, Maschinenverfügbarkeiten und vor allem auch Gebindegrößen aufweisen. Eine Synchronisierung der einzelnen Prozesse ist somit zunächst gar nicht möglich, und die entstehenden Zwischenbestände sind durch eine Optimierung der einzelnen Prozessschritte nicht abbaubar.

Vision verhilft zu neuen Erkenntnissen

In der Vision wurde von standardisierten Teilen mit einer einheitlichen Bearbeitungs- und Zykluszeit sowie einheitlichen Gebindegrößen ausgegangen. In der Produktentwicklung konnte zunächst keine Aussage darüber gemacht werden, welcher Aufwand mit dieser Standardisierung verbunden sein würde. Zunächst ist das aber auch nicht relevant, denn als erstes sollten die Vorteile einer derartigen Vision herausgearbeitet werden, um den später zu ermittelnden Aufwand dann in ein entsprechendes Verhältnis setzen zu können. Erst später, als das Bild der Vision komplett entwickelt war, wurde klar, dass genau hier der größte Stellhebel für eine signifikante Verbesserung der Flexibilität und weitgehende Reduzierung der Verschwendung liegen würde. Dementsprechend wurde auch ein Standardisierungsprojekt in der Entwicklung gestartet. Ein anderes Vorgehen hätte vermutlich dazu geführt, dass dieses Projekt von vornherein abgeblockt worden wäre, weil als zu groß und aufwändig eingeschätzt wurde.

Voraussetzungen für die Vision ermitteln

Wenn die Vision entwickelt und in einem Wertstromdiagramm abgebildet worden ist, werden die Voraussetzungen aufgelistet, die für das Erreichen der Vision erfüllt werden müssen, verbunden mit ent-

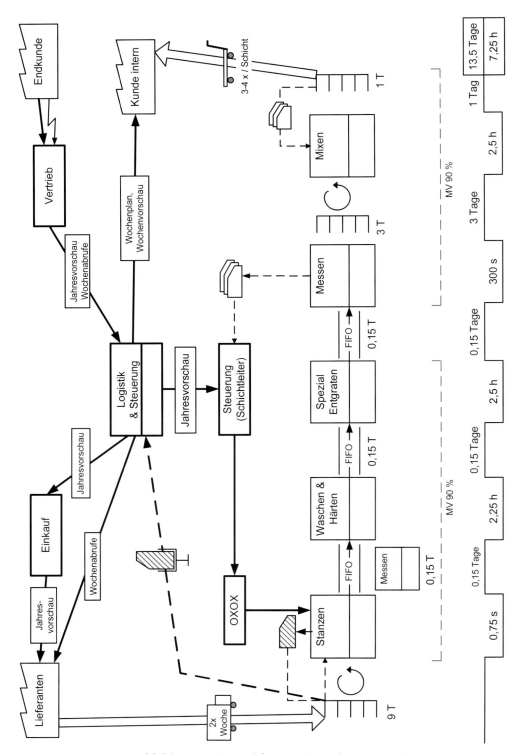

Abbildung 72: Beispiel für restriktionsfreie Entwicklung einer Vision

sprechenden Maßnahmen. Die Maßnahmen werden anschließend bewertet, und zwar zum einen nach dem zu erwartenden Aufwand für ihre Umsetzung und zum anderen nach ihrem Zeithorizont. Dabei ist es nicht erforderlich, genaue Aussagen über Aufwand und Zeitdauer zu machen, Es ist ausreichend, wenn man diese qualitativ abschätzt.

Beim Soll-konzept werden die Ressourcen berücksichtigt

Nach der Entwicklung der Vision folgt schließlich die Ableitung eines Soll-Zustandes, für den zunächst der zeitliche Horizont festgelegt wird. Die Auswahl eines Zeitraums für die Realisierung einer Soll-Konzeption hängt nicht zuletzt davon ab, welche Ressourcen für die Durchführung der notwendigen Maßnahmen zur Verfügung stehen. Bei den Ressourcen handelt es sich nicht nur um Geldmittel für notwendige Investitionen, sondern auch um Personalkapazitäten für die Umsetzung der Maßnahmen oder die Entwicklung von Lösungsansätzen.

In Abbildung 73 ist zu sehen, dass nach wie vor von unterschiedlichen Produktvarianten ausgegangen wird und entsprechend zwei parallele Prozessketten vorhanden sind. Das hängt damit zusammen, dass die Standardisierung der Produkte aufwändig ist und lange dauert. In der Praxis haben erste Soll-Konzepte zumeist einen Zeithorizont von etwa einem Jahr. Grundlegende Maßnahmen, wie eine Produktstandardisierung, dauern meist länger und werden daher in einer ersten Soll-Konzeption zunächst noch nicht berücksichtigt. Oft werden mehrstufige Soll-Konzepte erarbeitet. In der Praxis haben sich mehr als zwei Stufen nicht bewährt. Nach Erreichen der ersten Stufe sollte in jedem Fall ein erneutes Mapping durchgeführt werden, ebenso wie eine erneute Erarbeitung von Vision und Soll-Konzept. Dabei können durchaus Abweichungen von der ursprünglichen Planung entstehen.

Ist der zeitliche Horizont festgelegt, wird das Soll-Konzept detailliert. Die Vorgehensweise ist dieselbe wie bei der zu Beginn dieses Kapitels dargestellten Ableitung einer Vision: Es werden die gleichen Fragen gestellt, auch in der gleichen Reihenfolge. Nur wird bei der Suche nach Lösungen von den Einschränkungen der Realisierbarkeit ausgegangen, unter Inkaufnahme eines gewissen Maßes an Verschwendung in der Soll-Konzeption. Das Soll-Konzept ist ja auch kein Endzustand, sondern ein erster

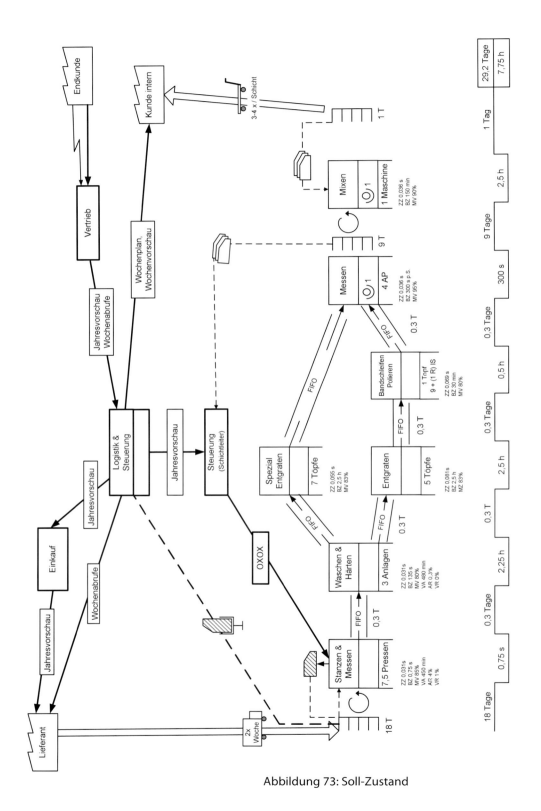

Abbildung 73: Soll-Zustand

Schritt auf dem Weg hin zu verschwendungsarmen Prozessabläufen.

5.13 Nach dem Soll-Konzept der Wertstromjahresplan

Umsetzung des Sollkonzepts erfordert Maßnahmenplan

Nachdem ein Soll-Konzept erarbeitet worden ist, werden die Maßnahmen festgelegt, um dieses Konzept zu realisieren. In der Regel wird es eine ganze Reihe von Maßnahmen mit unterschiedlichem Fokus, unterschiedlichem Aufwand und Schwierigkeitsgrad geben. Neben der Produktion werden verschiedene andere Bereiche eines Unternehmens an den Maßnahmen mitarbeiten müssen. Fast durchgängig sind die Bereiche Fertigungssteuerung und Disposition betroffen. Logistik, Einkauf und Versand sind weitere Bereiche, die oftmals durch Maßnahmen in die Umsetzung miteinbezogen werden.

„Wertstrom-Jahresplan" als Hilfsmittel für Umsetzung

Um bei der Vielzahl der Maßnahmen den Überblick zu behalten und Reihenfolge wie auch Verantwortung festzulegen, wird ein so genannter „Wertstromjahresplan" aufgestellt. Dieser Plan enthält die zur Zielerfüllung notwendigen Maßnahmen. Für jede Maßnahme wird der zeitliche Rahmen festgelegt sowie Zuständigkeiten, Rechte und Pflichten definiert. Ebenso werden Ressourcen eingeplant. Ein Wertstromjahresplan enthält Angaben über die vorgesehenen Termine zur Evaluierung der Umsetzung (Beispiel für Wertstromjahresplan s. Anhang 9.3).

Der Wertstromjahresplan sollte allen an der Umsetzung Beteiligten zur Verfügung gestellt werden, damit sie den Überblick über das gesamte Projekt bekommen und behalten. Er wird der Fahrplan für die nun folgenden Schritte der Umsetzung sein.

5.14 Kennzahlen zur Erfolgsmessung

Erfolg muss gemessen werden

Bei der Umsetzung des erarbeiteten Sollkonzeptes sollte der Erfolg genauso beobachtet und gemessen werden wie bei jeder Restrukturierung. Beim Wertstrom-Management gibt es spezifische Kennzahlen, mit denen das Verhalten von schlanken Produktionssystemen beurteilt werden kann. Diese Kennzahlen unterscheiden sich von klassischen Kennzahlen zur Bemessung einer Wirtschaftlichkeit, da bei ihnen Flexibilität und Umfang der Verschwendung miteinfließen. Insbesondere die Flexibilität ist jedoch keine absolute Größe, sondern immer im Verhältnis zur jeweiligen Prozesskette und ihrer Ausprägung zu sehen. So kann eine Flexibilität, die bei einer Kleinserienfertigung als hoch angesehen wird, bei einer Großserienfertigung durchaus als zu niedrig bemessen werden. Wichtig ist, dass die entsprechende Kennzahl während der Umsetzung laufend gemessen und in einen Vergleich zum Ausgangswert gebracht wird. Darüber hinaus wird häufig ein Zielwert definiert, der als weiterer Vergleichswert dient. Daraus ergibt sich ein Kennzahlengerüst, mit dem Veränderungen während der Umsetzung beobachtet und bewertet werden können.

Kennzahlen in Wertstromprojekten

Die Kennzahlen im Rahmen eines Wertstromprojektes sind ein notwendiges Werkzeug, um eine Visualisierung der Fortschritte zu ermöglichen. Sie müssen dementsprechend an den Gestaltungsprinzipien der Wertstrom-Methode orientiert sein und das Hauptziel, nämlich die Vermeidung von Verschwendung, greifbar machen. Dazu dienen insgesamt vier Kennzahlen, die im Folgenden erläutert werden:

„EPEI – Every Part Every Interval"

EPEI beschreibt Flexibilität

Dieser Wert gibt das kürzeste Zeitintervall an, mit dem das Fertigungsprogramm für die herzustellenden Artikel in dem betrachteten Wertstrom periodisch wiederholt werden kann. Ein EPEI von einem Tag bedeutet, dass aufgrund der Bildung von Losgrößenpaketen, verbunden mit einer Minimierung der Rüstzeiten, ein bestimmtes Teil aus einer Gruppe verschiedener Teile bzw. Teilevarianten jeden Tag hergestellt werden kann. Dagegen bedeutet ein EPEI von einer Woche für das gleiche Teil, dass das Produktionsprogramm die Fertigung eines entsprechenden Loses nur einmal in der Woche zulässt. EPEI beschreibt die Flexibilität einer Fertigung. Das Ziel des Wertstromansatzes ist ein möglichst kleiner EPEI.

„WQ – Wertstromquotient"

Wertstromquotient zeigt Verschwendung

Der Wertstromquotient WQ beschreibt das Verhältnis zwischen der gesamten Durchlaufzeit eines Auftrages durch den betrachteten Bereich und der Summe der einzelnen Bearbeitungszeiten BZ. Diese Werte finden sich im Wertstromdiagramm. Die gesamte Durchlaufzeit errechnet sich aus den einzelnen Wartezeiten vor den Prozessen und der Summe der Bearbeitungszeiten. Die Summe der Wartezeiten kann auch aus der Summe der Bestände vor den Prozessen, dividiert durch die durchschnittlichen Kundenabnahmen, berechnet werden. Die Gesamtbearbeitungszeit ist die Addition aller einzelnen Prozessbearbeitungszeiten. Ziel eines Wertstromprojektes muss es sein, den WQ im Laufe der Umsetzung signifikant zu verringern.

Wertschöpfungsgrad

Prozessbetrachtung

Dieser Kennwert wird vor allem bei einer detaillierten Analyse der Einzelprozesse im Rahmen der „Operator Balance Chart-Methode" genutzt. Er beschreibt das Verhältnis zwischen der Durchlaufzeit eines Teiles durch einen Prozess und der tatsächlichen Wertschöpfungszeit. Ist die Bearbeitungszeit eines Teils in einem Prozess beispielsweise 20 Sekunden, wovon aber nur 10 Sekunden wirkliche Wertschöpfung sind (in der restlichen Zeit wird das Teil möglicherweise weitertransportiert), so beträgt der Wertschöpfungsgrad 50 %.

„OTIF – On Time in Full"

OTIF beschreibt die Liefererfüllung der im Wertstrom betrachteten Prozesskette zum vereinbarten Termin in der vereinbarten Menge an den unmittelbaren Kunden. Dieser Kennwert ist nicht unmittelbar aus einem Mapping generierbar, sondern muss se-

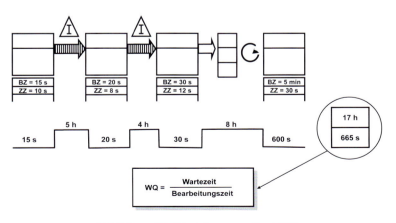

Abbildung 75: Wertstromquotient WQ

Mit OTIF die Erfüllung des Kundenwunsches messen

parat erfasst werden. Durch ihn wird die Stabilität und Gleichförmigkeit der Prozesskette bewertet. Ein OTIF von 100 % bedeutet, dass alle Aufträge von der Prozesskette entsprechend Kundenwunsch termingerecht und in gewünschter Menge ausgeliefert worden sind. Dieser Wert bekommt besondere Bedeutung bei der Beurteilung selbststeuernder Regelkreise, bei denen Wiederbeschaffungsmenge und –zeit genau festgelegt sind. Hier hilft der Wert, zum einen die richtige Auslegung dieser Parameter festzustellen und zum anderen die Lieferfähigkeit von Zulieferprozessen zu bewerten.

6. Wertstromdesign in ausgewählten besonderen Anwendungsbereichen

Die Gedanken der Wertstromfabrik gelten für das gesamte Unternehmen. Verschwendung gibt es nicht nur in der Produktion, sondern in allen Bereichen, zum Beispiel in Verwaltung und Service. Auch dort muss sie erkannt und reduziert werden, um die Wirtschaftlichkeit steigern. Damit verbessert sich die Wettbewerbsfähigkeit des gesamten Unternehmens. Anhand von zwei Beispielen zeigen wir Ihnen exemplarisch, inwieweit die Gedanken der Wertstromfabrik umsetzbar sind und zu einer Reduzierung von Verschwendung führen. Auch auf das Thema „Neuplanung von Produktionseinrichtungen" wird eingegangen. Gerade hier lassen sich erhebliche Potenziale für eine zukünftige Wettbewerbsfähigkeit erschließen.

6.1 Auftragsabwicklung und planende Bereiche

In der Auftragsabwicklung und in planenden Bereichen sollten Abläufe und Prozesse schlank und verschwendungsfrei gestaltet werden. Beispiele für Verschwendung: Fehlende Informationen, verbunden mit häufigen Nachfragen oder Rückfragen bei vorgeschalteten Bearbeitungsschritten bis hin zum Kunden, bedienerunfreundliche Systemunterstützung, fehlende Informationen über Arbeitsabläufe und -inhalte oder das nicht zeitgerechte Einlasten von Aufträgen in die Fertigung. Dabei ist das zu frühe Einlasten genauso kritisch wie der zu späte Beginn: Ressourcen werden belegt, die für zeitgerecht eingeplante Aufträge nicht zur Verfügung stehen. Die Folgen: Wartezeiten, unnötige Störungen und Bestände.

Verschwendung auch in der Auftragsabwicklung

Kunden erwarten die Erfüllung bestimmter Anforderungen:

- Angebote und Aufträge sollen kompetent, schnell und flexibel bearbeitet werden.
- Abläufe in den nachfolgenden Prozessen müssen störungs- und verschwendungsfrei sein.
- Die Frage, was der Kunde wirklich will, muss in der Auftragsabwicklung im Fokus stehen.
- Es muss effizient gearbeitet werden; Verschwendung sollte vermieden werden.

Auch hier: Ganzheitliche Betrachtung

Diese Anforderungen unterscheiden sich nicht wesentlich von denen an Produktion und Logistik. Auch in der Auftragsabwicklung ist die ganzheitliche Betrachtung Voraussetzung dafür, Abläufe effizient und verschwendungsfrei zu gestalten. Dabei werden die Tätigkeiten in der Auftragsabwicklung, wie Auftragsbearbeitung oder Stammdatenpflege, in einem Zusammenhang mit den benötigten und vorhandenen Informationen, den Schnittstellen zu den vor- und nachgelagerten Prozessen, den Hilfsmitteln und Systemen sowie auch der Steuerung der Prozesse betrachtet. Gerade die Steuerung der Prozesse, also die Frage, welche Aufgabe wann, in welcher Reihenfolge und mit welcher Kapazität bearbeitet wird, spielt eine wesentliche Rolle bei der ganzheitlichen Betrachtung.

Mapping: Zusätzliche Symbole für EDV, Rückfragen

Die methodischen und gestalterischen Ansätze von Wertstrom-Mapping und Wertstrom-Design gelten auch für die Auftragsabwicklung und weitere planende Bereiche wie Service, Einkauf, Controlling etc. Allerdings kann eine Übertragung nicht ohne Anpassung erfolgen, denn bestimmte Unterschiede lassen sich nicht übersehen. So sind in der Methode ursprünglich keine Darstellungsformen für die genutzten Systeme und die entsprechenden Schnittstellen vorgesehen. EDV-Systeme haben in diesen Bereichen eine weitergehende Bedeutung als in der Produktion. Hier sind sie Arbeitsmittel, ähnlich einer Maschine, transportieren aber auch Informationen. Dementsprechend muss das Mapping um ein geeignetes Symbol ergänzt werden, mit dem die eingesetzten EDV-Systeme gekennzeichnet werden (Abbildung 76).

Rückfragen sind in der Praxis ein wesentliches Hindernis für eine zügige Auftragsabwicklung. Informationen sind oft nicht vollständig vorhanden. Dies hat zur Folge, dass im Laufe der Prozessschritte fehlende Informationen eingeholt werden müssen. So sind beispielsweise häufig in der Angebotsphase nicht alle benötigten technischen Spezifikationen vorhanden oder die Kundenanfrage ist nicht eindeutig formuliert und vollständig. Die Erarbeitung des Angebotes muss unterbrochen werden, da fehlende technische Informationen besorgt werden müssen. Für Rückfragen und Unterbrechungen gibt es im Wertstrom-Mapping ein neues Symbol (Abbildung 76).

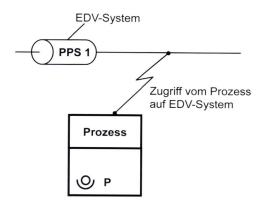

Abbildung 76: Zusätzliche Symbole für EDV-Systeme und Rückfragen

EDV-Systeme führen oft zu Verschwendung

Verschwendung in der Auftragsabwicklung findet man häufig im Bereich der EDV-Nutzung. Nicht selten wird eine Vielzahl unterschiedlicher Systeme eingesetzt. Die Praxis zeigt immer wieder, dass neben einigen wenigen oder auch nur einem „Hauptsystem" eine Vielzahl von kleineren Systemen genutzt wird, auf die immer wieder zugegriffen wird. Beispielsweise wurde bei einem Mapping im Projektengineering eines Kunden festgestellt, dass neben dem eigentlichen Projektmanagementsystem (in dem Fall MS-Project) auf verschiedene Excel-Datenbanken und –Modelle, eigenprogrammierte Hilfsprogramme zur Berechnung bestimmter Funktionswerte, sowie zwei unterschiedliche Zeichnungsprogramme zugegriffen wurde. Diese komplexe und wenig transparente Systemumgebung verhinderte eine durchgängige Organisation und Zugriffsmöglichkeit auf die Daten. Der Nutzer musste bei jedem Zugriff erneut eine Reihe von Kopfdaten eingeben (z.B. Projektnummer, Auftragsnummer, Kundennummer etc.). Dieser Aufwand ist nicht nur lästig, sondern stellt eine erhebliche Verschwendung dar: Über einen Monat summiert ergaben sich etwa acht Stunden unnötige Eingabetätigkeiten!

Viele Tools zur Bewältigung der Arbeit

In diesem Zusammenhang sind auch Systeme und Anwendungen zu erwähnen, die Mitarbeiter/innen selbst geschaffen haben. Zur Arbeitserleichterung werden eigene Hilfsmittel kreiert, die nicht in eine Gesamtumgebung eingebunden sind. Tools wie Excel bieten sich dafür an, und entsprechend häufig sind diese Hilfsmittel zu finden. Problematisch sind dabei Punkte wie doppelte Eingaben, Schnittstellen, Anpassung an Software-Updates, Sicherungen etc.

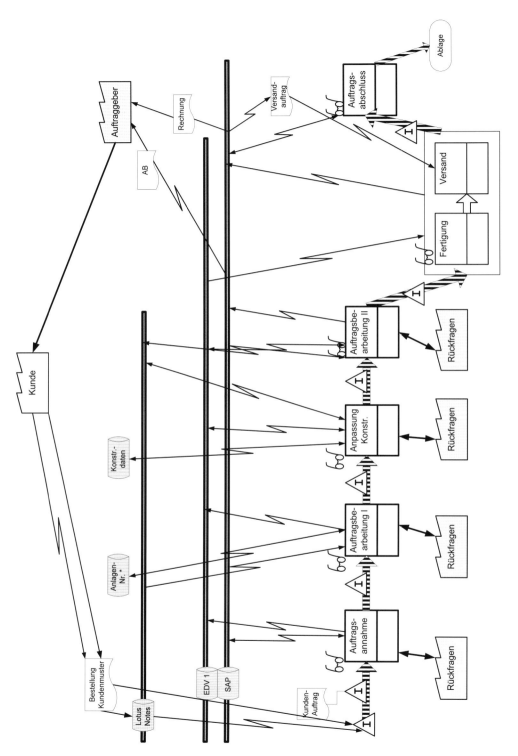

Abbildung 77: Beispiel für ein Mapping einer Auftragsabwicklung

Auch wenn in vorherigen Aufträgen bereits erstellte Daten erneut genutzt werden könnten, stellen derartige Schnittstellen oftmals ein Hindernis dar. Ein Beispiel ist das Anlegen von immer neuen Varianten in der Konstruktion, was für die Mitarbeiter oftmals einfacher ist, als auf vorhandene Lösungen zurückzugreifen, die er erst umständlich suchen muss.

„EDV-Leiterbahnen" im Mapping

Die Nutzung verschiedener EDV-Systeme, sowie die Zugriffe durch Prozesse und Schnittstellen werden in einem Mapping sichtbar. Dazu zieht man einzelne Ebenen, quasi „EDV-Leiterbahnen" ein, auf denen die Symbole für die EDV-Systeme angeordnet werden. Durch eine Verbindung der Prozesse zu diesen Systemen in Form von Pfeilen, die den Datenaustausch repräsentieren, gelingt eine einfache und übersichtliche Darstellung, welche Prozesse auf welche Systeme zugreifen. Zum anderen wird die oftmals anzutreffende Vielzahl an Systemen und ihre Heterogenität deutlich (Abbildung 77).

Prozessschritte in der Auftragsabwicklung

Führt man ein Mapping in der Produktion durch, dann werden im mittleren Bereich die einzelnen Prozessschritte, der Materialfluss und die Bestände dargestellt. Dementsprechend stellt man auch bei einem Mapping der Auftragsabwicklung die einzelnen Prozessschritte dar. Diese lauten dann beispielsweise „Kundendaten eingeben", „Technische Spezifikationen überprüfen", „Teileverfügbarkeit prüfen", „Konstruktionen anpassen" etc. Dabei besteht, wie in der Produktion auch, die Herausforderung, die richtige Detaillierungstiefe zu treffen und die Bilanzhülle passend zu wählen.

Mapping durch gezieltes Fragen

Während in der Produktion das sichtbare Teil das Objekt der Bearbeitung ist, das im Rahmen des Materialflusses von Prozess zu Prozess sichtbar bewegt wird, sind die Verhältnisse in der Auftragsabwicklung anders. Häufig sind die verarbeiteten Informationen in Papierform, zum Beispiel als Aufträge oder Zeichnungen, vorhanden. Diese Papiere werden auch von einem Bearbeitungsschritt zum nächsten bewegt. Aber mindestens genauso häufig sind die zu bearbeitenden Objekte gar nicht in anpackbarer Form vorhanden, sondern als Datensätze in den EDV-Systemen gespeichert. Eine direkte Weitergabe der Unterlagen von einem Prozess zum nächsten liegt gar nicht vor bzw. ist nicht direkt erkennbar. Das Erkennen von Zusammenhängen durch bloßes

Hinsehen und Beobachten muss bei einem Mapping in der Auftragsabwicklung dementsprechend durch gezieltes Fragen ergänzt werden.

Push und Pull auch in der Auftragsabwicklung

Dennoch läßt sich der Fluss der zu bearbeitenden Objekte als Materialfluss darstellen. Auch hier gilt die Unterscheidung zwischen einem klassischen Push- und einem FIFO-Verfahren. Wird zum Beispiel in der Auftragsbearbeitung der Prozess „Kundendaten überprüfen" durchgeführt und mit der bloßen Speicherung der überarbeiteten Auftragsdaten beendet, so handelt es sich hier um einen Push-Materialfluss. Der nachfolgende Prozessschritt bekommt die zu bearbeitenden Objekte angeliefert (in Form einer Datensammlung in einer Datenbank). Die Mitarbeiter entscheiden selbst, welche Aufgabe als nächstes zu bearbeiten ist. Wenn keine weitere Information über eine Bearbeitungsreihenfolge vorliegt, wird man hier eine Brille („Go see") als Steuerungselement einzeichnen.

Wird ein Workflow-System eingesetzt, in dem die Reihenfolge der Bearbeitung im Sinne einer FIFO-Folge festgelegt ist, so wird man im Mapping die Verbindung zwischen den Prozessen entsprechend mit einem FIFO-Pfeil darstellen.

Bestände in der Auftragsabwicklung oft nicht sichtbar

Auch in der Auftragsabwicklung gibt es Bestände. Diese sind im einfachsten Fall in Form von Auftragspapieren in der entsprechenden Abteilung sichtbar. Eingangs- und Ausgangskörbe sind typische Erscheinungsformen solcher wartenden Bestände. Hier können, wie in der Produktion, die physisch vorhandenen Bestände gezählt werden. Aber häufig werden die Informationen elektronisch weitergeleitet, und nach der Bearbeitung wird die Datei gespeichert und geschlossen. Bestände sind nicht direkt sichtbar, sondern im EDV-System versteckt. Hier muss bei einem Mapping nachgefragt bzw. analysiert werden, wie viele Datensätze gespeichert sind.

„Prozessrhythmus" statt „Produktionsrhythmus"

Wenn Bestände vorhanden sind, lassen sich die Wartezeiten berechnen. Dazu muss auch bei einem Mapping in der Auftragsabwicklung eine Art „Produktionsrhythmus" abgeleitet werden. So kann man in vielen Bereichen in der Auftragsabwicklung einen Kundenbedarf in Form der durchschnittlich bearbeiteten oder erzeugten Aufträge ermitteln. Dementsprechend werden Warte-

bzw. Liegezeiten berechnet, so dass Aussagen über wertschöpfende und verschwendende Zeitanteile und deren Verhältnis untereinander getroffen werden können.

Praxisbeispiel: Bearbeitung von Anfragen bei Ersatzteilanbieter

Ein Beispiel dazu: Ein Anbieter von Ersatzteilen bekommt täglich etwa 120 Anfragen. Bei einer Arbeitszeit in der Abteilung Auftragsbearbeitung von sieben Stunden pro Tag beträgt der Rhythmus 3,5 Minuten. Liegen jetzt zwischen zwei Prozessen 15 Anfragen in einem Korb und warten auf Bearbeitung, so beträgt die aus dem Rhythmus berechnete Liegezeit 52,5 Minuten, also fast eine Stunde. In diesem Beispiel werden mehrere Fragen aufgeworfen: Die Anfragen sind möglicherweise nicht alle gleich umfangreich. Umfassen diese beispielsweise zwischen einer und zehn Positionen, so sind sind die Bearbeitungszeiten unterschiedlich, ebenso die Wartezeit vor einem Prozess. Bei dieser Betrachtung ist zu berücksichtigen, dass es sich bei der Berechnung des „Produktionsrhythmus" und der sich daraus ergebenden Liegezeiten um einen rechnerischen Durchschnittswert handelt, der zunächst nur den Blick für das Verhältnis zwischen wertschöpfender Bearbeitungszeit und nicht wertschöpfender Liegezeit darstellt.

Unterschiedliche Prozesszeiten

Ein weiterer Punkt in dem aufgezeigten Beispiel ist die zeitliche Häufung der Anfragen. Diese werden nicht gleichverteilt über den Tag ankommen, sondern sich zu bestimmten Tageszeiten häufen. Dadurch ergeben sich plötzlich vor einzelnen Beständen größere Häufungen an Anfragen als zu anderen Zeiten. Diese Problematik ist analog zu der in der Produktion beobachteten Frage unterschiedlicher Prozess-Verfügbarkeiten und auch Schicht-Regime. In jedem Falle muss nachgefragt werden, ob es sich bei den beobachteten Zuständen um Ausnahmesituationen, nur temporär auftretende Situationen oder um Regelfälle handelt. Genauso wie in der Produktion können auch hier Minimum- und Maximum-Werte angegeben werden.

Rückfragen führen zu Verschwendung

Besondere Bedeutung bekommen die Wartezeiten bei Rückfragen. Diese können oft erhebliche Zeitanteile aufweisen, insbesondere dann, wenn externe Abteilungen oder Bereiche (z.B. Vertrieb und Kunden, Einkauf und Lieferanten) eingeschaltet werden. Bei einer Betrachtung der gesamten Durchlaufkette müssen diese Zeiten berücksichtigt werden. Empfehlenswert ist eine Ermittlung der tatsächlichen Wartezeiten, und zwar in Form von Mindest- und Maximalwerten.

Wertstromdesign: Modifikation der Vorgehensweise

Beim Wertstrom-Design und der Entwicklung von Verbesserungsmaßnahmen muss die Vorgehensweise in gewissen Punkten modifiziert werden: In einem Produktionsbereich stehen Aspekte wie Produktionsrhythmus und Fluss, synchroner Ablauf und „One Piece Flow" im Vordergrund. Diese Ansätze lassen sich nur in angepasster Form und teilweise nur bedingt auf organisatorische und planende Bereiche wie die Auftragsabwicklung übertragen.

Schlanke Abläufe mit ISIS

Wesentlich ist zunächst das Schaffen einer Basis für schlanke Abläufe. Die Vermeidung von Verschwendung steht dabei im Fokus. Bei der Auftragsabwicklung steht die Generierung, Verarbeitung und Weitergabe von Informationen im Vordergrund. Hier hat sich eine Ergänzung zu der Vorgehensweise in der Produktion bewährt. Auf Basis zahlreicher Projekte wurde das Vorgehensmodell ISIS entwickelt. Es beinhaltet folgende Ansätze zur Gestaltung der Abläufe:

I: Inhalte und Sequenz

Wer macht was in welcher Reihenfolge?

Welche Möglichkeiten gibt es, Inhalte (im Sinne von Arbeitsinhalten der Prozessschritte), Aufgaben und Verantwortungsbereiche klar zu definieren und zu verteilen? Ist die vorhandene Struktur und Reihenfolge der Prozessbearbeitung zielführend oder muss sie neu gestaltet werden?

Beispiel: Schlüsselhersteller

Beispiel: Bei einem Hersteller von Schlüsseln wurde bei Bestellungen von Ersatzschlüsseln, die der Kunde bei einem Schlüsseldienst vornimmt, eine Kopie des Personalausweises gemacht und an das Werk übermittelt. Erst dort fand eine Legitimationsprüfung durch Abgleich des Ausweises mit den hinterlegten Daten statt. Als Folge waren häufig Rückfragen notwendig (z.B. durch unlesbare Daten oder unvollständige Angaben). Beim Neu-Design der Abläufe wurden Inhalt und Sequenz der Prozesse neu definiert: Die Legitimationsprüfung wird zukünftig beim Schlüsseldienst direkt durchgeführt, um zeitraubende und ressourcenverzehrende Rückfragen zu eliminieren. Natürlich mussten dazu die Systemvoraussetzungen geschaffen werden – aber erst, nachdem die Prozessoptimierung verabschiedet war.

S: Schnittstellen

Schnittstellen müssen eindeutig ermittelt, benannt und vor allem definiert und beschrieben sein. Dazu wird als erstes, nach Festlegung der Inhalte und Sequenz von Prozessen, genau bestimmt, mit welchen anderen Prozessen ein Informationsaustausch notwendig ist. Die Informationen an sich werden festgelegt und die Form des Austausches wird beschrieben. Besondere Bedeutung bekommt dieser Punkt bei Prozessen, die viele Informationen mit anderen Prozessen austauschen, oder dann, wenn dieser Austausch eher sporadisch erfolgt.

Schnittstellen haben besondere Bedeutung

Ein Beispiel ist die in der Konstruktion immer wieder angemahnte Abstimmung mit der Produktion: In vielen Fällen erfolgt diese Abstimmung eher personenbezogen als systematisch – es gibt besondere Kontakte zwischen einzelnen Personen in den Prozessbereichen, ohne die der Austausch nicht funktioniert. Bei einem Kunden aus der Prozessindustrie war ein großer Teil der Abwicklung von Aufträgen auf diesen „informellen" Kontakten und Arbeitstechniken aufgebaut. Die Schnittstellen waren eher zufällig organisiert als systematisch festgelegt und geplant. Die Gefahr besteht darin, dass bei Ausfall einer dieser menschlichen Knotenpunkte das gesamte System ins Wanken gerät. Durch ein Mapping mit seiner ganzheitlichen Betrachtung wird dieser Gefahrenpunkt in der Regel sehr transparent und offensichtlich. Oftmals ist bei einer solchen Struktur gar nicht bekannt, und vor allem nicht dokumentiert, wer mit wem zu welchem Zeitpunkt kommuniziert. Die Betroffenen wissen das zwar, aber es liegt kein klarer und nachvollziehbarer Ablauf vor.

Beispiel: Prozessindustrie

I: Informationen

Nach Festlegung der Schnittstellen muss genau durchdacht werden, welche Informationen wann zur Verfügung stehen müssen. Wenn Informationen nicht rechtzeitig in der benötigten Form zur Verfügung stehen, dann verzögert sich die Prozessabwicklung. Das ist einer der Hauptgründe für die vielen Rückfragen, die in der Auftragsabwicklung immer wieder zu beobachten sind.

Informationen: Basis für störungsfreie Prozessabwicklung

Beispiel: Angebots-bearbeitung

Ein Beispiel aus der Angebotsbearbeitung von Rolltreppen zeigt die Bedeutung dieses Schrittes: Der Vertrieb des Unternehmens hat Aufträge mit den entsprechenden technischen Daten an die Zentrale übermittelt, wo sie dann weiterverarbeitet wurden. Regelmäßig musste von der Konstruktion beim Vertrieb zurückgefragt werden, da immer wieder Details nicht angegeben waren. Zudem war die Qualität der übermittelten Informationen, abhängig von den eingeschalteten Vertriebsmitarbeitern oder –büros, unterschiedlich. Dies wurde von der Konstruktion immer wieder bemängelt. Erst durch ein Wertstrom-Mapping wurde der Aufwand durch diese Rückfragen und vor allem die Größenordnung des Zeitverlustes bei der Auftragsbearbeitung deutlich. Im Soll-Konzept wurde zunächst herausgearbeitet, welche Schnittstellen existieren und wie diese gestaltet werden sollen. Darauf aufbauend wurde eine Checkliste entwickelt, in der alle für die weitere technische Detaillierung benötigten Informationen abgefragt und dargestellt werden. Erst wenn diese Checkliste, die vom Vertrieb an die technischen Abteilungen, zusammen mit den anderen Auftragsunterlagen geschickt wird, vollständig ausgefüllt vorliegt, wird mit der Bearbeitung des Auftrages begonnen. Der Vertrieb hat im Sinne einer zügigen Abwicklung der Kundenaufträge jetzt natürlich ein Interesse daran, die Checkliste vollständig auszufüllen. Die Konstruktion bekommt nur vollständige Informationen und hat deutlich weniger Aufwand durch die Vermeidung von Rückfragen und die damit verbundene Unterbrechung von Aufträgen.

S: Systeme

Hilfsmittel der Auftragsabwicklung

Ähnlich wie beim Wertstrom-Design in der Fertigung stehen Tools und Hilfsmittel an letzter Stelle der Optimierungsschritte. Bei der Auftragsabwicklung sind es die Systeme, die durchdacht, systematisch gestaltet und vereinheitlicht werden müssen. Erst nach der Optimierung der Prozesse sollte die Frage diskutiert werden, welche Systeme unterstützend eingesetzt werden können und welchen Anforderungen sie entsprechen müssen. Es gibt immer wieder Fälle, in denen durch bestimmte Systeme die Gestaltung der Prozesse, vor allem auch der Schnittstellen und Informationen, eingeengt wird. Erst durch die Einhaltung der hier aufgezeigten Reihenfolge läßt sich ermitteln, wie bedeutsam die Einschränkungen wirklich sind und ob eventuell ein

Systemaustausch oder eine Umgestaltung sinnvoll und wirklich vorteilhaft ist.

Die Orientierung an diesen Schritten auf Basis eines Wertstrom-Mappings und die daraus resultierende Entwicklung eines Soll-Konzeptes führt zu einer deutlichen Reduzierung von Verschwendung. Darauf aufbauend können nun die bekannten (in den vorigen Kapiteln beschriebenen) Gestaltungsprinzipien aus dem Wertstrom-Design (z.B. Rhythmus und Fluss oder Steuerung und Sequenz) betrachtet werden.

Strukturen schaffen in der Auftragsabwicklung

Auch in der Auftragsabwicklung muss ein Rhythmus gefunden werden, an dem sich die Prozesse ausrichten können. Häufig wird die Möglichkeit, eine Prozesskette auf einen bestimmten Rhythmus auszurichten, verneint. Die Praxis zeigt, dass in vielen Fällen sehr wohl eine Festlegung möglich ist. Um den Rhythmus herauszufinden, bedarf es zunächst einer genauen und gründlichen Untersuchung der durchzuführenden Arbeiten in den Prozessen. Dabei hilft eine Clusterung der Tätigkeiten, zum Beispiel nach Komplexität oder Bearbeitungsumfang.

Beispiel: Konstruktion

Beispiel: Eine Anpassungskonstruktion eines Fertigers von technischen Baugruppen wurde untersucht. Dabei zeigte sich, dass die Konstruktionsaufgaben in verschiedene Klassen eingeteilt werden konnten. Innerhalb der Klassen konnten die Aufträge zeitlich in ähnlicher Größenordnung bearbeitet werden.

Beispiel: Unterschiedliche Auftragsformen

Ein weiteres Beispiel ist der bereits erwähnte Hersteller von Schlüsseln. Neben der Fertigung von Ersatzschlüsseln kommen bei ihm zwei weitere Auftragsformen vor: Die Bestellung von kleineren Schließanlagen für Privathäuser, sowie Großprojekte, z.B. die Ausstattung von Hotels. Aufträge innerhalb der ersten Gruppe sind bezüglich des Aufwandes für die Durchführung der entsprechenden Prozesse gleich, innerhalb der zweiten Gruppe nahezu gleich. In beiden Gruppen kann also tatsächlich ein für die jeweilige Gruppe gültiger Rhythmus gefunden werden.

Bearbeitungsreihenfolge von Aufträgen planen

Besondere Bedeutung bekommt dieser Rhythmus in Verbindung mit der Frage der Sequenz der Aufträge: Wird jeder Auftrag so eingesteuert, wie er gerade kommt? Oder gibt es eine intelligente Reihenfolgebildung, bei der Aufträge so eingeplant werden, dass nicht beispielsweise große Aufträge kleine blockieren? Diese Fragen erinnern an die bereits besprochenen Aufgaben der Produktionsnivellierung. Eine ähnliche Nivellierung kann in vielen Bereichen der Auftragsabwicklung durchgeführt werden. Dazu werden beispielsweise Plantafeln eingesetzt, bei denen die zu bearbeitenden Aufträge nach Datum und ggfs. benötigter Qualifikation einsortiert werden. Der Mitarbeiter muss dann nicht mehr suchen, sondern arbeitet den nächsten anstehenden Auftrag weg. Natürlich muss der vorherige Prozess in die Lage versetzt werden, die von ihm fertiggestellten Aufträge entsprechend den Planungsvorgaben an der Plantafel einzuordnen.

Schnellere Bearbeitung durch Prozessketten und Fluss

Ein wichtiges Merkmal schlanker Prozesse ist die Realisierung eines kontinuierlichen Flusses. Das gilt auch für die Auftragsabwicklung und planende Bereiche. Eine kontinuierliche Bearbeitung von Prozessen, ohne Unterbrechung in einer verketteten Reihenfolge, ist die Zielvorstellung. Genau wie in der Produktion gibt es auch in der Auftragsabwicklung Prozessketten, in denen ein derartiger Fluss erreicht werden kann. Doch es gibt auch Prozesse, die sich nicht miteinander kontinuierlich fließend koppeln lassen. Beispiele sind die Bereiche Auftragserfassung und technische Bearbeitung. Während es durchaus vorstellbar ist, die einzelnen Prozessschritte innerhalb des Bereichs Auftragserfassung in einen kontinuierlichen Fluss zu bringen, folgt die technische Bearbeitung oftmals anderen Kriterien und einem anderen Rhythmus. Das bedeutet, dass man die Prozessketten herauskristallisieren muss, in denen sich ein Fluss organisieren lässt, und dann die Schnittstelle zur nächsten Prozesskette gestaltet.

Die Gestaltung der Schnittstellen zwischen einzelnen Prozessketten ist eine ähnlich bedeutsame Aufgabe wie in der Produktion. Im Ist-Zustand ersetzt der Eingangskorb häufig jede strukturierte Organisation. Die vorgelagerte Prozesskette schiebt die Aufträge einfach weiter, und die nächste Prozesskette muss diesen Auftragsbestand dann durchschauen und die Abarbeitungsreihenfolge festlegen. Der Aufwand für die Steuerung ist entsprechend hoch und zumeist Aufgabe der Abteilungs- oder Bereichsleitung, wenn nicht eine Steuerung durch die Mitarbeiter/innen selbst (im Sinne eines „Go see") erfolgt.

6.2 Logistische Prozesse schlank organisieren

Ausblick auf andere Bereiche

Wertstromanalyse und –design lässt sich nicht nur in Bereichen der Produktion anwenden, sondern, wie im vorigen Kapitel bereits gezeigt, auch in weiteren, die Produktion umgebenden Bereichen. Dazu zählen die logistischen Funktionen Wareneingang, Lagerung, Warenausgang und Versand. Diese sind oftmals Bestandteil der Bilanzhülle um die Produktion herum. Sie können aber auch eigenständig mit dem Wertstromansatz betrachtet werden. In diesem Kapitel erfolgt keine detaillierte Darstellung der logistischen Prozesse und ihrer Optimierungsmöglichkeiten. Es soll nur kurz angerissen werden, wie sich Wertstrom-Management auf diese Bereiche übertragen läßt.

Bestände in der Logistik

Bei der Betrachtung logistischer Bereiche geht es ebenfalls darum, Verschwendung zu identifizieren und zu eliminieren. Bestände als sichtbare Verschwendung müssen hier differenzierter betrachtet werden. Man unterscheidet zwischen drei verschiedenen Arten:

Vergleichbare Bestandsarten

- Bestände in einem Lager, das in die Prozesskette eingegliedert und Bestandteil des Prozessablaufes ist. Dazu zählen zum Beispiel Rohmaterial-Lager am Anfang oder Versandlager am Ende einer Prozesskette. Bei diesen Beständen ergeben sich die Bestandshöhen aus den Anforderungen der entsprechenden Prozessketten. Sie können nur im Zusammenhang mit einer Betrachtung dieser Ketten optimiert werden, da sie vom Verhalten der Prozessketten abhängen.
- Bestände, die an entsprechend gekennzeichneten Stellen auf eine weitere Bearbeitung warten. Diese Bestände sind das Ergebnis logistischer Tätigkeiten wie zum Beispiel einer Bereitstellung. Die weitere Bearbeitung erfolgt oftmals durch nicht-logistische Tätigkeiten. Beispiele: Vor einer Prozesskette bereitgestellte Teile, die auf eine weitere Bearbeitung in der entsprechenden Prozesskette warten oder im Versand bereitgestellte und fertig verpackte Teile, die auf einen Abtransport warten. Diese Bestände können nur bedingt durch eine Optimierung der logistischen Prozesse reduziert werden. Vielmehr müssen die entsprechenden wertschöp-

fenden Prozesse miteinbezogen werden. Zum Beispiel können die Bestände der im Versand wartenden Teile nicht nur durch eine Optimierung der Versandabwicklung reduziert werden, sondern gegebenenfalls erst durch eine Erhöhung der Abholfrequenz.
- Bestände, die zwischen aufeinander folgenden logistischen Tätigkeiten warten, da diese nicht in einem Fluss ablaufen, sondern segmentiert sind. Beispiele: Neu angelieferte Teile, die auf ihre Einlagerung warten und vor Einlagerung zwischengelagert werden. Oder ausgelagerte Teile, die vor einer weiteren Verteilung warten, da sie noch gekennzeichnet oder vereinzelt werden müssen. Eine Reduzierung dieser Bestandsart ist ausschließlich durch eine Optimierung der logistischen Prozesse möglich.

Eine Unterscheidung der Darstellung oder weitere Differenzierung gegenüber dem Mapping in produzierenden Prozessen gibt es nicht. Man muss jedoch diese Zusammenhänge berücksichtigen, um bei der Entwicklung von Verbesserungsansätzen nicht an falschen oder nicht beeinflussbaren Größen zu arbeiten.

Logistik-Mapping mit bekannten Symbolen

Bei einem Mapping der logistischen Prozesse wendet man die gleiche Symbolik, Struktur und Vorgehensweise wie geschildert an. Die einzelnen Prozesse werden durch Beobachtung aufgenommen, ebenso die kennzeichnenden Parameter, Material- und Informationsfluss und die steuernden Prozesse. Es ergibt sich als Mapping ein Bild, das genauso aufgebaut ist wie in produzierenden Bereichen. Bei der Entwicklung einer Vision und eines Soll-Zustandes werden die gleichen Schritte durchlaufen und die gleichen Gestaltungsbereiche bearbeitet.

Kontinuierlicher Fluss auch in der Logistik

Auch bei logistischen Prozessen wird versucht, einen kontinuierlichen Fluss zu erreichen, der möglichst verschwendungsfrei abläuft. Oftmals finden sich gerade in diesem Bereich Prozesse, die stark segmentiert ablaufen. Als Folge bauen sich Bestände auf und es entstehen Liegezeiten. Beispiel: Material wird ausgelagert und in Bereitstell-Zonen verbracht. Von dort aus wird es dann zu den jeweiligen Verbrauchern transportiert. Dadurch entstehen unterbrochene Prozesse mit entsprechenden Zwischenbeständen. Ein Soll-Konzept, bei dem die Wertstrom-Gesichtspunkte berücksichtigt wurden, sieht eine durchgängige Prozesskette vor, bei der die Teile ausgelagert und direkt zum Verbraucher gebracht werden.

Beispiele für Wartezeiten

Gleiches ist auch bei der Einlagerung möglich: Oft landen Teile, zum Beispiel auf Paletten, die vom anliefernden LKW entladen wurden, zunächst in einer Wartezone. Dann werden die erforderlichen Einlagerungsaufkleber gedruckt und angebracht. Das Ganze geschieht ladungsweise. Es ist durchaus denkbar, dass die Aufkleber direkt gedruckt und aufgebracht und die Teile ohne Wartezeit direkt eingelagert werden. Der Grund für die Segmentierung liegt oftmals darin, dass die jeweiligen Bereiche getrennt sind und keine bereichsübergreifende Bearbeitung stattfindet.

Die Analyse logistischer Prozesse anhand von Wertstrom-Mapping zeigt Verschwendung auf. Die Anwendung der Wertstrom-Grundsätze und deren Gestaltungsprinzipien führt über die Vision zu Soll-Konzepten. In der Regel lassen sich damit erhebliche Verbesserungspotenziale erschließen. Ergebnis ist hauptsächlich eine Reduzierung der Durchlaufzeit. Diese wird begleitet durch positive Effekte wie schnelleres Handling und schnellere Reaktionsmöglichkeiten auf Kundenwünsche. Generell wird die Effizienz gesteigert. Die Reduzierung von Lagerbeständen kann jedoch nur im Zusammenhang mit der Optimierung der ein- und auslagernden Bereiche erfolgen.

7. Umsetzung der gefundenen Lösung

7.1 Veränderungen erfordern Aufmerksamkeit

Der Weg zur Wertstromfabrik mit Prozessen, die weitestgehend frei von Verschwendung sind, ist bei allen Chancen nicht ohne Risiken. Wie in den vorigen Ausführungen gezeigt, ist eine Vielzahl von Veränderungen zu erwarten, die nur gelingen können, wenn die beteiligten Mitarbeiter/innen konsequent und engagiert an der Umsetzung der notwendigen Maßnahmen mitarbeiten. Die zu erwartenden Veränderungen betreffen eine Vielzahl von Bereichen im Unternehmen:

Verschwendung reduzieren geht nur mit Veränderungen

- **Auftragsabwicklung und Steuerung:** Die Steuerung der Prozesse und die Abwicklung von Aufträgen in der Produktion wird vereinfacht und umgestaltet. Dies betrifft Fertigungs- und Bestandssteuerung ebenso wie Kapazitäts- und Ressourcenplanung.
- **Logistik und Materialfluss:** Die innerbetriebliche Logistik wird zu mehr Selbststeuerung gebracht. Dabei wird der Materialfluss technisch mit modifizierten und angepassten Hilfsmitteln durchgeführt.
- **Human Resources:** Die Mitarbeiter und Mitarbeiterinnen werden mit mehr Eigenverantwortung ausgestattet, entsprechend wird ihre Qualifikation verbessert („Job Enrichment").
- **Produkte:** Vorhandene Produkte müssen gegebenenfalls umkonstruiert werden, damit sie verschwendungsfreier hergestellt werden können. Dazu sind intensive Überlegungen, gemeinsam mit dem Vertrieb, notwendig.
- **Marktauftritt:** Die Art und Weise, wie Produkte verkauft und was als Hauptverkaufsargument herausgestellt wird, muss gegebenenfalls überdacht und verändert werden. Flexibilität und kurze Durchlaufzeiten sind die Hauptargumente für eine Veränderung durch Wertstrom-Management – also müssen diese Punkte auch als bedeutsam herausgestellt werden, während andere Verkaufsargumente wie Varianz und Komplexität möglicherweise an Bedeutung verlieren.

Viele Bereiche sind beteiligt

- **Qualität:** Produkt- wie auch Prozessqualität werden gesteigert. Unter Umständen werden Verfahren zur Qualitätsprüfung und –sicherung und das Qualitätsmanagement-System verändert.
- **Technik:** In vielen Fällen sind innovative Hilfsmittel sinnvoll und nötig, um geplante Veränderungen praktisch umzusetzen. Dazu gehören zum Beispiel Vorrichtungen, aber auch Transportmittel und Maschinen, die umkonstruiert werden müssen.
- **EDV-Systeme:** Durch die Gestaltung nach dem Wertstromansatz entsteht ein vereinfachtes Steuerungskonzept mit Schrittmacherprozess und selbststeuernden Regelkreisen. Ein EDV-System wird nach wie vor benötigt für Aufgaben wie Bestandsüberwachung, Controlling oder Steuerung neu eingeführter Kanban-Regelkreise. Die Umstrukturierung der Steuerung ist mit Aufwand verbunden, der neben dem Tagesgeschäft geleistet werden muss. Gleichzeitig muss in die Systeme eingegriffen werden.

Mitarbeiter sind der Schlüssel zur Veränderung

Für die Mitarbeiter/innen bedeutet ein Umstrukturierungsprozess im Zuge eines Wertstromansatzes zunächst ein Umdenken: Das Prinzip muss verstanden, verinnerlicht und gelebt werden. Dazu gehört ein erhöhtes Maß an Disziplin, um neue Abläufe genau einzuhalten. Diese Disziplin zu erreichen, ist nicht zuletzt eine Führungsaufgabe. In der Regel ist ein Ausbau der Qualifikation erforderlich: Neue Strukturen bringen neue Aufgabeninhalte.Eigenverantwortung und –initiative sind wichtige Eckpfeiler innerhalb des Wertstrom-Management. Man denke nur an die selbststeuernden Regelkreise.

In der Wertstrom-Philosophie steht die Optimierung des gesamten Wertstromes im Vordergrund – und zwar vor der Optimierung des eigenen Arbeitsplatzes oder des einzelnen Prozesses. Das erfordert oft ein gewisses Maß an Überwindung bei den beteiligten Mitarbeiter/innen: Wenn man immer gelernt hat, dass Rüstvorgänge einen Verlust an Wirtschaftlichkeit darstellen, und jetzt soll man auf einmal häufiger rüsten, so ist das ein Umlernprozess. Dieser Prozess kann nur dann erfolgreich sein, wenn den beteiligten Menschen der Gesamt-Zusammenhang klar wird – und dies erfordert in der Regel Geduld.

Risiken müssen beachtet werden

Veränderungen im Rahmen der Wertstrom-Philosophie betreffen viele Bereiche und sind daher auch nicht ohne Risiken. Es lassen sich drei Hauptrisiken feststellen:

- **Hauptrisiko Veränderungsbereitschaft:** Die Realisierung der Wertstromfabrik erfordert von allen Beteiligten (von den Werkern bis zur Unternehmensleitung) hohe Motivation, wirklich umzudenken und alte Strukturen in Frage zu stellen. Diese Veränderungsbereitschaft wird oft zu Beginn eines Projektes, wenn die Vision und das Soll-Konzept erarbeitet werden, demonstriert. Beginnt die eigentliche Umsetzungsarbeit, dann treten in der Praxis Barrieren in den Vordergrund. In dem Moment, wo Mitarbeiter und Mitarbeiterinnen merken und spüren, dass ihre bisherigen Abläufe tatsächlich verändert werden, sie unter Umständen sogar an Einfluss verlieren, wächst der Widerstand. Das eskaliert insbesondere dann, wenn erste Probleme bei der Umsetzung auftreten, zum Beispiel: Lieferengpässe in der Einführungsphase (weil Kanban-Karten verloren gegangen sind) oder die Produktionsnivellierung funktioniert nicht reibungslos, oder ähnliches.

Motivation zur Veränderung schaffen

- **Hauptrisiko mangelnde Konsequenz:** Die wirklichen Vorteile eines Wertstromansatzes ergeben sich erst bei konsequenter Umsetzung und Befolgung des durch Soll-Konzept und Wertstromjahresplan beschriebenen Weges. Natürlich ist ein gewisses Maß an Lernfähigkeit bei der Umsetzung sinnvoll, um aus den Ergebnissen einzelner Schritte den Erfolg der nächsten Maßnahmen zu optimieren. Allerdings darf bei Störungen, wie oben beschrieben, kein Rückzieher gemacht werden. Der Weg zurück ist sicher immer möglich, das Vertrauen der Mitarbeiter allerdings dann meist verspielt und ein neuer Anlauf zunächst kaum mehr möglich.

Konsequente Durchführung

- **Risiko der Koordination:** Der Wertstromjahresplan enthält eine Vielzahl von Maßnahmen, die unterschiedliche Bereiche betreffen. Da aber die Maßnahmen ineinander greifen, muss sichergestellt werden, dass sie entsprechend koordiniert werden. Das erfordert eine klare Projektorganisation mit geregelten Zuständigkeiten und Befugnissen. Diese Befugnisse müssen über bestehende

Maßnahmen müssen koordiniert werden

Bereichsgrenzen in einem Unternehmen hinausgehen, was in der Praxis oftmals eine Schwierigkeit darstellt. Unkoordiniertes Handeln an beliebigen Stellen führt nicht zum Erfolg, sondern fördert das Scheitern des Projektes.

Die Risiken bei einer Umsetzung müssen berücksichtigt werden: Der Erfolg hängt nicht von den eingesetzten technischen Hilfsmitteln ab, sondern in erster Linie von den Menschen, die diese Neu-Ausrichtung hin zu verschwendungsfreien Abläufen vor Ort in den Prozessen mittragen und mitgestalten. Nur wenn hier Verständnis und Bereitschaft für Veränderungen geschaffen wurde, lässt sich die Wertstromfabrik nachhaltig realisieren.

7.2 Keine Umsetzung ohne Projektorganisation

Veränderung erfordert systematische Organisation

Eine erfolgreiche Umsetzung der Maßnahmen erfordert ein gut gestaltetes Projektmanagement. Dazu muss eine entsprechende Organisation geschaffen werden, die über notwendige Kapazitäten und Befugnisse verfügt. Im Wertstromjahresplan sind die Maßnahmen beschrieben und mit Zuständigkeiten, Rechten und Pflichten hinterlegt. Fortschritt und Zielerfüllung der Maßnahmen, die häufig mit erheblichen zusätzlichen Arbeiten verbunden sind, müssen überwacht und regelmäßig begutachtet werden. Es gibt genügend Gründe, durch die Verzögerungen bei der Bearbeitung der Maßnahmen eintreten können:

- Die Mitarbeiter und Mitarbeiterinnen, die diese Maßnahmen durchführen, werden nicht vom Tagesgeschäft freigestellt. Die Umsetzung ist Zusatzarbeit, die bei hoher Belastung durch das operative Geschäft schnell vernachlässigt wird.
- Maßnahmen verzögern sich, weil der Aufwand für die Umsetzung unterschätzt oder falsch eingeschätzt wurde. Da Maßnahmen oft ineinander greifen, kommt es dadurch auch an anderen Stellen zu Verzögerungen.
- Bei der Umsetzung entstehen fachliche Fragen, die vom Team nicht beantwortet werden können.
- Betroffene Mitarbeiter merken, welche Veränderungen auf sie zukommen, und sie blockieren oder verlangsamen deswegen die Umsetzung.

Fortschritt erlebbar machen: Reviews und Visualisierung

Um diese häufig auftretenden Schwierigkeiten rechtzeitig zu erkennen, sind regelmäßige Reviews des Projektfortschrittes erforderlich. Dazu sollten schon im Wertstromjahresplan Review-Termine vermerkt und öffentlich gemacht werden. Hilfreich ist ein einfaches System zur Beurteilung des Projektstandes. Dazu bietet sich zum Beispiel ein „Ampelsystem" an, bei dem über die Ampelfarben aufgezeigt wird, ob ein Projektteam mit seiner Arbeit im grünen Bereich liegt oder ob Gefahr für Verzögerungen besteht und ein Eingreifen notwendig wird.

Wertstrom-Manager

Die Gesamt-Koordination eines Wertstromprojektes sollte in der Hand eines dafür ausgebildeten „Wertstrom-Managers" liegen. Diese Person muss die Methoden der Wertstromfabrik beherrschen, um fachlich-methodische Unterstützung leisten zu können, und von Beginn an in die Arbeiten involviert sein. Der Wertstrom-Manager muss eine festgelegte, möglichst weitgehende Entscheidungsbefugnis haben, was den Einsatz von Ressourcen, die Festlegung von Terminen, z.B. von Team-Meetings, und die Visualisierung des Veränderungsprozesses angeht. Vor allem aber muss der Wertstrom-Manager das Vertrauen und die Rückendeckung des Managements haben, um in kritischen Situationen schnell und unbürokratisch Entscheidungen herbeiführen zu können. Oftmals werden für diese Aufgabe junge Mitarbeiter und Mitarbeiterinnen ausgewählt, die noch nicht lange im Unternehmen sind, damit „sie sich profilieren können". Davon ist dringend abzuraten, denn die Beherrschung der im vorigen Kapitel beschriebenen Hauptrisiken für einen Erfolg der Umsetzung erfordert viel Erfahrung.

Auch das Management ist gefragt

Auch das Management muss sich mit dem Umsetzungsprozess auseinandersetzen. Hier sollte mindestens eine Führungskraft, ein so genannter „Management Sponsor" als direkter Verantwortlicher für die Umsetzung bestimmt werden. Diese Führungskraft nimmt an den regelmäßigen Reviews teil und ist für den Wertstrom-Manager, in Vertretung des Teams, jederzeit für Rückfragen und Entscheidungen erreichbar. Es versteht sich von selbst, dass der Management Sponsor methodisch qualifiziert sein sollte, sich mit den Grundlagen der Wertstromfabrik identifiziert und diese unterstützt. Es hat sich in der Praxis gezeigt, dass solche Wertstrom-Projekte den nachhaltigsten Erfolg erzielen konnten, die nicht nur vom Management angestoßen, sondern auch unterstützt und gefördert wurden. In Abbildung 78 ist eine mögliche, grundlegende Projektstruktur gezeigt.

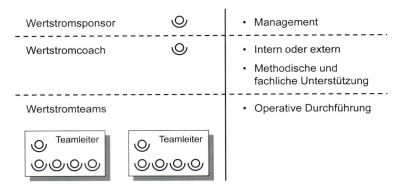

Abbildung 78: Projektstruktur

Sichere Methodenkenntnis beim Wertstrom-Coach

In der Abbildung ist darüber hinaus ein „Wertstrom-Coach" aufgeführt. Diese Person ist Experte bezüglich des methodischen Ansatzes, und der einsetzbaren Tools. Sie sollte über ausreichende Kenntnisse bei der Umsetzung verfügen. Häufig werden hier externe Fachleute eingesetzt, die über entsprechend langjährige Erfahrungen bei verschiedenen Anwendungsfällen verfügen. Der Coach unterstützt den internen Wertstrom-Manager und stellt eine zusätzliche Garantie für den Umsetzungserfolg dar.

Der Erfolg einer jeden Umsetzung wird nicht zuletzt durch geeignete Hilfsmittel unterstützt, so auch bei Wertstrom-Projekten. Dazu gehört in erster Linie die Visualisierung des Projektes, der Maßnahmen und der erzielten Erfolge. Gerade das Marketing im Hinblick auf erzielte Erfolge ist ein wichtiger Baustein. Die Kommunikation von Erfolgen führt zu einer erhöhten Akzeptanz in weiteren Bereichen, möglicherweise sogar zu Schneeballeffekten.

7.3   Das „Ganzheitliche Produktionssystem" im Visier

Keine Eintagsfliege

Wertstrom-Projekte sind keine Eintagsfliegen. Erfolgreich durchgeführte Projekte konzentrieren sich zwar immer auf einen begrenzten Bereich. Doch nach Erreichen der Ziele wird der Bereich erweitert oder es werden neue, weitergehende Ziele ins Auge gefasst. Ein erstmalig entwickeltes Soll-Konzept ist nur ein Übergang auf dem Weg zu weiteren Veränderungen.

Schrittweise werden die Kreise für Veränderungen immer größer gezogen und weitere Bereiche miteinbezogen. Die Vision gibt das Endziel vor, und die entwickelten Sollkonzepte einschließlich der Maßnahmenpläne sind Stationen auf dem Weg zu verschwendungsfreien Prozessen. Je weiter man auf diesem Weg fortschreitet, werden zunehmend mehr Erfahrungen gesammelt und methodische Werkzeuge eingesetzt, die möglicherweise firmenspezifisch angepasst werden. Gleichzeitig wächst der Bedarf an Qualifikation für die weiteren beteiligten Bereiche.

Veränderung zur Unternehmensphilosophie machen

Es ist sinnvoll, Erfahrungen aus der Umsetzung sowie gefundene und realisierte Lösungen zu sammeln und diese firmenspezifisch aufzuarbeiten. Damit wird zum einen die Erfolgsrate weiterer Umsetzungsprojekte deutlich verbessert, zum anderen müssen in weiteren Bereichen die entsprechenden Lösungsansätze nicht immer wieder neu abgeleitet werden. Als Beispiel sei die Gestaltung von Kanban-Systemen genannt: Die Festlegung der Auslegungsparameter sollte einem Schema folgen, das einmal entwickelt und ausgetestet wird. Das gleiche gilt für die schrittweise Anpassung und Optimierung des Systems, für das wiederum Erfahrungswerte dokumentiert werden sollten. Auch die Festlegung der Hilfsmittel, wie zum Beispiel Kanban-Karten, sollte einem einheitlichen Schema folgen – sowohl bezüglich Inhalt als auch Gestaltung der Form.

Veränderungen einheitlich messen

Ein weiterer Bereich, der für alle Wertstrom-Projekte in einem Unternehmen vereinheitlicht werden sollte, sind Auswahl und genaue Festlegung der Kennzahlen sowie weiterer Bewertungskriterien, anhand derer der Umsetzungserfolg gemessen wird. Über alle Projekte vergleichbare Ergebnisse sind wichtig, um Aufwand und Nutzen der Projekte untereinander bewerten und den Gesamtzustand des Unternehmens ermitteln zu können. Gleichzeitig sollten die innerhalb einzelner Wertstrom-Projekte eingesetzten Methoden festgehalten und dokumentiert werden. Vor allem ist es wichtig, Vorgehensweise und eingesetzte Hilfsmittel zu standardisieren. Durch diese Standardisierung wird erreicht, dass Erfahrungen beim Einsatz der Methoden systematisch aufbereitet weitergegeben werden, gleichzeitig aber auch der Einsatz der Methoden entsprechend vereinfacht wird. Darüber hinaus ist so sichergestellt, dass weitestgehend vergleichbare Ergebnisse erzielt werden.

Qualifizierung ist Erfolgsfaktor

Ein kontinuierlicher Verbesserungsprozess wird nur dann dauerhaft ablaufen, wenn die Mitarbeiter und Mitarbeiterinnen entsprechend unterrichtet sind. Sie müssen den „Blick für Verschwendung" bekommen und dazu mit den Gedanken der Wertstromfabrik vertraut gemacht werden. Dazu bedarf es eines Qualifizierungsprogrammes, in dem festgelegt wird, wer wann welche Qualifizierungsmaßnahmen durchläuft. Diese Maßnahmen beginnen bei der Unterrichtung über Grundlagen der schlanken Produktion und reichen bis hin zu einem detaillierten Methodentraining. Teilnehmer werden die Mitarbeiter und Mitarbeiterinnen vor Ort genauso sein wie Führungskräfte, wenn auch in unterschiedlichen Detaillierungen.

Und schließlich benötigt ein derartiger Verbesserungsprozess ein System aus Zielen und Kenngrößen, durch die Stand, Potenziale und Zielerfüllung festgehalten werden können. Dabei geht es nicht darum, mit einem Benchmark-System Standorte oder Bereiche zu brandmarken, sondern einen Wettbewerb zur Reduzierung von Verschwendung und somit zur Verbesserung der Wettbewerbsfähigkeit zu initiieren.

Ganzheitliches Produktionssystem

Die beschriebenen Bereiche werden im Allgemeinen als ein „Ganzheitliches Produktionssystem" bezeichnet. Ein ganzheitliches Produktionssystem umfasst Methoden, Gestaltungsgrundsätze, Hilfsmittel, Standards und Kennwerte, um die Herstellung und Verbreitung von Produkten verschwendungsfrei und nach Kundenwunsch zu ermöglichen. Die kontinuierliche Reduzierung von Verschwendung im gesamten Unternehmen und somit eine signifikante Verbesserung der Wettbewerbsfähigkeit kann nachhaltig nur erreicht werden, wenn einzelne Wertstrom-Maßnahmen in ein ganzheitliches Produktionssystem eingebettet werden. Der Weg dorthin ist oftmals langwierig und muss genau durchdacht werden. Die Praxis zeigt jedoch, dass mit einem solchen Ansatz die Wettbewerbsfähigkeit deutlich erhöht und somit vielfach Produktionen auch in Mitteleuropa bestehen bleiben können – und zwar profitabel aufgestellt.

8. Fallbeispiele

Hier stellen wir Ihnen zwei Fallbeispiele aus unterschiedlichen Anwendungsbereichen vor. Es handelt sich zum einen um ein Unternehmen, in dem Metalltüren gefertigt und montiert werden, zum anderen um die Produktion von Kabeln. Für beide Beispiele wird die Ausgangssituation beschrieben, das Mapping dargestellt sowie eine Vision und/oder ein Soll-Konzept erläutert. Die Beispiele basieren auf durchgeführten Projekten, die aufgearbeitet wurden, um die Vorgehensweisen und Lösungsansätze besser beschreiben zu können.

8.1 Herstellung von Türen

Kürzere Lieferzeiten, geringe Bestände

In diesem Fallbeispiel wurde durch die Wertstrombetrachtung eine erhebliche Reduzierung der Lieferzeit zum Markt und der Bestände an Fertigwaren erzielt. Zudem wurde die Flexibilität bezüglich Marktanforderungen erhöht. Das Beispiel ist stark vereinfacht, da es zunächst nur die Grundzusammenhänge und Auswirkungen aufzeigen soll.

Beispiel: Produktion von Metalltüren

Produktbeschreibung und Prozesse

Ausgangsbasis ist die Produktion von Metalltüren für die Bauindustrie. Diese Metalltüren bestehen aus einem Rahmen, der aus Profilen hergestellt wird, sowie aus einem Türblatt, das aus Blechen besteht. Die Profile werden nach Eingang eines Fertigungsauftrages von der Logistik bereitgestellt, und zwar jeweils zwei Bleche für die Längs- und zwei für die Querseiten. Die Profile werden anschließend auf Länge gesägt und in einem Fräsprozess mit den entsprechenden Nuten und Aussparungen versehen. Dann werden sie, jeweils zwei Paare, zum Rahmen zusammengesteckt und verpresst. Vor jedem Prozess erfolgt, um das Umrüsten zu reduzieren, eine Bündelung zu Losen.

Parallel zu der Herstellung des Rahmens produziert das Unternehmen die Türblätter. Dazu werden Bleche aus einem Lager bereitgestellt. Diese werden zurechtgeschnitten, mit den notwendigen Aussparungen versehen und an den Seiten abgekantet. Die fertig bearbeiteten Bleche werden in ein Lager gebracht, ebenso die fertigen Rahmen.

In einem Montageprozess werden Rahmen und Bleche zu einer Tür zusammengefügt, wobei noch bestimmte kleinere Anbauten (Scharniere, Verstärkungen etc.) angebracht werden. Von dort werden die Türen wiederum in ein Lager verbracht, wo sie auf ihre Auslieferung warten.

Viele Varianten

Die Produkte zeichnen sich durch eine hohe Variantenvielfalt in Bezug auf Abmessungen und Ausstattungen aus. Dabei entsteht ein hoher Aufwand – insbesondere in der Montage, da hier verschiedene kundenspezifische Teile angebaut werden.

Planung und Steuerung

Ein Planungssystem verwaltet die Kundenaufträge und die Disposition fasst diese zu Fertigungsaufträgen zusammen. Dabei wird „weit in die Zukunft" geschaut, um den kommenden Bedarf zu erkennen und entsprechende Lose gleicher Türvarianten zusammenfassen zu können. Gleichzeitig ändern sich die vom Kunden angegebenen Liefertermine häufig, ebenso wie die Ausstattung der Türen oftmals noch kurz vor Auslieferung verändert wird. Das führt dann einerseits zu hohen Beständen an Fertigwaren, zum anderen zu Änderungs- und Anpassungsarbeiten in der Montage. Bereits fertig gestellte Türen müssen dort erneut umgebaut werden.

Produkt-Prozess-Matrix

Aufgrund der hohen Variantenzahl wurde zunächst eine „Produkt-Prozess-Matrix" erstellt, um repräsentative Produkte beziehungsweise die Standardprodukte herauszugreifen, für die ein Mapping durchgeführt werden sollte. Diese Vorgehensweise bietet sich immer dann an, wenn eine hohe Zahl an Varianten vorliegt, die teilweise über unterschiedliche Prozessstufen laufen oder sehr unterschiedliche Verweilzeiten an den einzelnen Prozessen aufweisen. Aufgrund dieser Matrix wurden dann die beiden Produkte „Türe 2" und „Türe A" ausgewählt.

Produkt	Vorfertigung						Montage		Stück/Jahr	Typen ca.
	Profilbearbeitung			Blechbearbeitung						
	Sägen	Fräsen	Pressen	Schneiden	Stanzen	Kanten	Montage Lüfter	Montage Tür		
Tür 3	X	X	X	X	X			X	3.000	>>6
Tür 2	X	X	X	X	X			X	2.600	29
Tür A	X	X	X	X	X	X	X	X	2.150	15
Lüfter L				X		X	X		2.600	8

Abbildung 79: Produkt-Prozess-Matrix

Mapping des Ist-Zustandes

In Abbildung 80 ist das Mapping für den Ist-Zustand dargestellt. Man erkennt die Auswirkungen der immer wieder neu erfolgenden Losgrößenbildung: Hohe Bestände vor den Prozessen, insbesondere beim Fräsen der Profile, hoher Steuerungsaufwand und hohe Bestände im Fertigwarenlager aufgrund der langen Vorschau bei der Erstellung und Einsteuerung von Aufträgen. Typisch für eine derartige Struktur ist das Verhältnis zwischen Liege- und Bearbeitungszeit, bei dem beide Werte weit auseinanderklaffen.

Als letzter Schritt bei der Analyse des Ist-Zustandes werden die Stellen gekennzeichnet, wo offenbar Schwachstellen vorhanden sind – und zwar mit den sogenannten „Kaizen-Blitzen".

Schwachstellen: Kaizen-Blitze

Für das Fallbeispiel sind diese Blitze in Abbildung 81 dargestellt: Alle Stellen und Bereiche, wo Verschwendung erkennbar ist oder vermutet wird, werden mit einem Blitz gekennzeichnet. Diese Blitze werden dann in einer Tabelle aufgeführt und beschrieben. Oft ergeben sich bei dieser Betrachtung bereits Verbesserungsansätze, die sofort, das heißt ohne weitere Konzept-Erarbeitung, gestartet werden können und zu einem unmittelbar zu erschließenden Verbesserungspotenzial führen. Diese Maßnahmen werden oftmals auch als „Ad-hoc-Maßnahmen" bezeichnet. Typische Maßnahmen sind zum Beispiel die Visualisierung von Tätigkeiten, Sauberkeit am Arbeitsplatz oder die Kennzeichnung von Bereichen. Diese Maßnahmen führen, unabhängig von einer weiteren wertstromgerechten Gestaltung von Abläufen, zu Klarheit, zur Vermeidung von Verwechslungen und somit zur Qualitätsverbesserung der Abläufe.

Ableitung einer Vision

Auf Basis des Mappings des Ist-Zustandes wird nun eine Vision erarbeitet. Dabei stehen die dort erläuterten Gedankenansätze und Gestaltungsbereiche im Vordergrund. Wichtig ist, zunächst den Produktionsrhythmus herauszufinden, der erforderlich ist, um die Kundenbedürfnisse zu erfüllen.

Bei einer siebenstündigen Arbeitszeit pro Tag und einer üblichen Anzahl von 220 Arbeitstagen pro Jahr ergibt sich hier ein Rhythmus von etwa neun Minuten. Das bedeutet, dass alle neun Minuten eine Türe die Produktion verlassen muss, um den Kundenwunsch zu erfüllen. Wie man aus einem Vergleich mit dem Mapping sieht, sind die derzeitigen Prozesse durchaus in der Lage, diesen Produktionsrhythmus zu erfüllen.

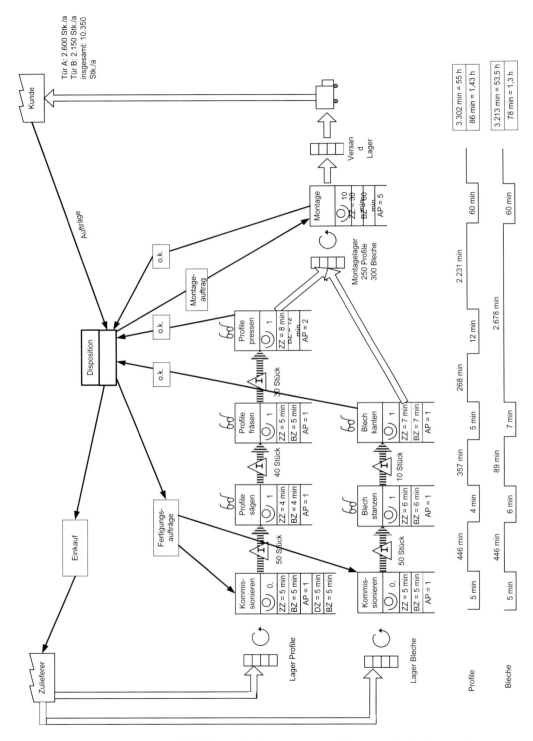

Abbildung 80: Ausgangslage, Mapping des Ist-Zustandes

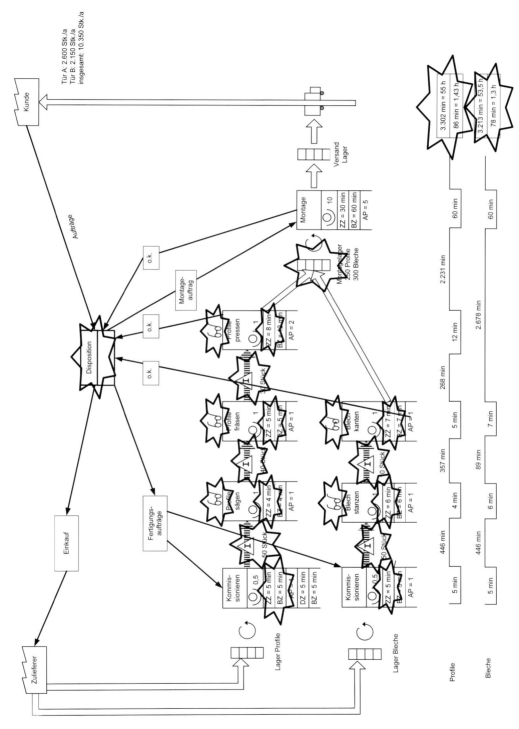

Abbildung 81: Kaizen-Blitze

Kontinuierlicher Fluss

Die Forderung nach einem kontinuierlichen Fluss ist der nächste Bereich, der überlegt werden muss. Es ist wünschenswert, dass sich der Fluss über die gesamte Prozesskette erstreckt – also von der Fertigung der Türblätter und Rahmen bis hin zur Montage. Diese Möglichkeit erscheint nicht unwahrscheinlich, wenn man die Zykluszeiten der Prozesse betrachtet und sie mit dem oben ermittelten Produktionsrhythmus vergleicht. Zumindest die Prozesskette der Profilbearbeitung, und zwar ab Fräsen, sowie die Montage sind in einem ähnlichen Rhythmus, der mit Anpassungen in der Montage durchaus auf den Produktionsrhythmus einstellbar wäre. Lediglich die Blechbearbeitung weicht stark davon ab, weshalb diese dann auch beispielsweise als selbststeuernder Regelkreis gesehen werden könnte. Der Prozess „Profile Sägen", der erheblich schneller ist als die anderen Prozesse bei der Profilbearbeitung, könnte von einer Person bearbeitet werden, die dann auch die Blechbearbeitung durchführt – also eine Auflösung der starren Zuordnung „Werker zum Arbeitsplatz".

Bildung von Prozessketten

Damit wird schon der nächster Gestaltungsbereich berührt: „Steuerung und Sequenz". Wenn man eine durchgehende Prozesskette „Rahmenbearbeitung – Montage" aufbauen könnte, wäre der erste Schritt in der Kette der Schrittmacherprozess, hier also das Ablängen der Profile. Damit würde sich die Steuerung dramatisch vereinfachen, denn alle anderen Prozesse müssen nicht mehr einzelnen angesteuert werden, da sie in einer FIFO-Kette quasi automatisch ablaufen beziehungsweise wie im Fall der Blechbearbeitung, durch selbststeuernde Regelkreise angebunden werden.

Kanban für Lieferteile

Die Entnahme der Profile und Bleche aus dem Lager sollte ebenfalls im Rahmen eines selbststeuernden Regelkreises erfolgen – als Kanban-System mit dem Lieferanten der Teile. Somit wäre der Steuerungsaufwand auch für die Bereitstellung des Rohmaterials deutlich vereinfacht. Die Steuerung wird im Übrigen nicht mehr, wie bisher, mit einem möglichst langen Planungshorizont arbeiten, sondern dieser wird auf wenige Tage beschränkt. Dadurch wird erreicht, dass nur die Aufträge die Fertigung durchlaufen, die unmittelbar nach Fertigstellung ausgeliefert werden können. Natürlich bedeutet dies, dass die Fertigung deutlich flexibler als bisher arbeiten muss. In der Montage ist das weniger das Problem, denn die musste auch bisher flexibel die Aufträge abarbeiten, die vorgegeben wurden. Stark zu verbessern ist in erster Linie die Flexibilität des Prozesses „Profile Fräsen", was eine deutliche Reduzierung der Rüstzeiten an dieser Stelle bedeutet. In einer Vision werden derartige Randbedingungen vorgegeben. Im Maßnahmenplan werden später Aktivitäten definiert, um diese Ziele zu erreichen.

Verbesserungen in der Vision

Abbildung 82 stellt die Vision dar, mit Angabe des dadurch erreichbaren Verhältnisses zwischen Liege- und Bearbeitungszeit. Man erkennt deutlich, wie signifikant dieses Verhältnis verbessert worden ist. Das bedeutet eine erhebliche Steigerung der Flexibilität und der Reaktionsfähigkeit auf Änderungswünsche seitens der Kunden, aber auch eine deutliche Reduzierung des Bestandes an Fertigwaren. Ob man die gewonnene Reaktionsfähigkeit am Markt als Verkaufsargument einsetzt oder sie nutzt, um intern mehr Flexibilität zu erreichen, ist eine Entscheidung, die der Vertrieb treffen muss. Im vorliegenden Fallbeispiel wurde die gewonnene Flexibilität am Markt als zusätzliches Verkaufsargument eingesetzt, um in einem stark preisbetontem Markt ein Argument gegen weitere Preissenkungen zu erhalten.

Soll-Zustand

Auf Basis der Vision wird ein Soll-Zustand erarbeitet, der in einem festzulegenden Zeitraum realisiert werden soll. Im vorliegenden Beispiel ist das ein Zeitraum von einem Jahr, was in der Regel auch üblich ist. Bei der Festlegung des Soll-Zustandes muss berücksichtigt werden, welche Möglichkeiten vorhanden sind, um die entsprechenden Maßnahmen durchzuführen. Das sind Möglichkeiten finanzieller Art, aber auch bezüglich verfügbarer Personalkapazitäten. Veränderungen sind mit Vorarbeiten verbunden, die entsprechende Kapazitäten erfordern.

Im vorliegenden Fall ist der aufwändigste Bereich die Umstrukturierung der Blechbearbeitung. Hier müssen Maschinen umgebaut und umgezogen werden. Man hat daher im Soll-Konzept zunächst darauf verzichtet und die entsprechenden Maßnahmen auf eine nächste Stufe der Verbesserung verschoben. Ebenso wurde die Schaffung einer durchgehenden Prozesskette bis hin zur Montage noch nicht für das Soll-Konzept vorgesehen, da hier Änderungen im Arbeitsablauf der Montage notwendig sind, die mit Konstruktionsänderungen am Produkt einhergehen. Die Bereiche Fertigung und Montage sind daher noch durch ein Lager entkoppelt, das quasi als Supermarkt für die Montage dient.

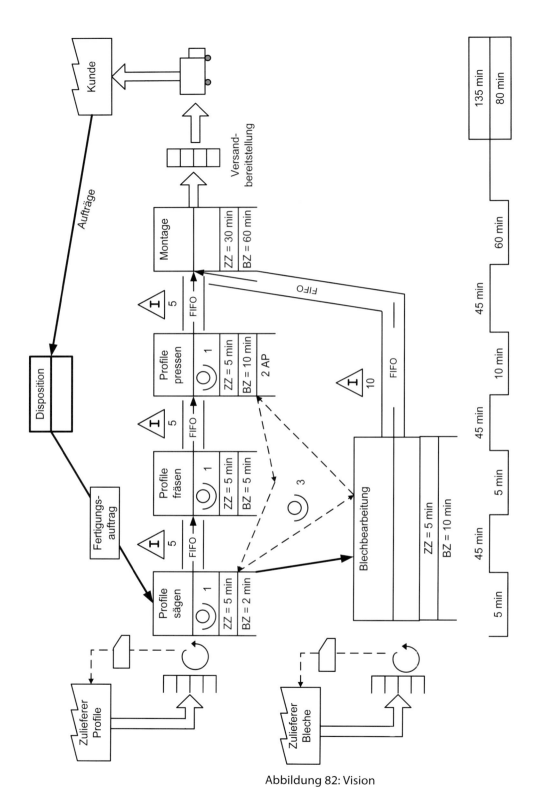

Abbildung 82: Vision

Das Rohmaterial-Lager hingegen, in dem Profile und Bleche gelagert sind, wurde im Soll-Konzept bereits auf einen selbststeuernden Regelkreis umgestellt. Der Lieferant bekommt über ein Kanban-System die Information über Entnahmen und füllt nach festgelegten Regeln dieses Lager wieder auf.

Deutliche Verbesserungen im Soll

In Abbildung 83 ist der Soll-Zustand dargestellt. Es handelt sich um einen möglichen Soll-Zustand, der in dem Projekt entwickelt wurde. Erkennbar ist die klare Verbesserung bezüglich des Verhältnisses Liege- und Bearbeitungszeit. Dieses Verhältnis ist das, was erwartet wird, denn die einzelnen Liegezeiten ergeben sich erst nach der Umsetzung aus einem weiteren, dann durchzuführenden Mapping. In der Praxis wird einige Zeit nach dem Erreichen des Soll-Zustandes erneut ein Mapping erstellt, mit dem dann Planung und tatsächliche Verhältnisse verglichen und bewertet werden. Natürlich sind andere Formen des Soll-Zustandes vorstellbar. Es gibt hier nicht einen fest vorgegebenen Weg. Die Lösungen orientieren sich an der temporären Verfügbarkeit von Ressourcen wie Platz, Finanzen und Personal.

8.2 Kabelproduktion

Beispiel: Kabelherstellung in unterschiedlichen Varianten

Bei diesem Beispiel handelt es sich um einen Hersteller von Kabeln in unterschiedlichen Längen, Farben und Materialausführungen. Die Kabel werden von der Produktion an ein zentrales Distributionslager geliefert, von dort an die Endkunden. Kunden sind Industrieunternehmen, die Kabel für unterschiedlichste Anwendungen einsetzen. Die Forderung seitens der Unternehmensführung besteht darin, die Lieferzeit für Kundenaufträge drastisch zu reduzieren, ohne Bestände im zentralen Distributionslager aufzubauen. Im Gegenteil: Bestände sollen möglichst reduziert werden.

Verschiedene Varianten und Ausführungen

Insgesamt gibt es für die Kabel zwei verschiedene Materialausführungen, jeweils in drei- oder fünfadrig. Jeder Kabeltyp wird in jeweils fünf verschiedenen Farben und vier Standardlängen angeboten. Die Stecker gibt es in gerader sowie gewinkelter Ausführung, jeweils in drei verschiedenen Materialtypen. Somit entsteht eine hohe Variantenzahl, auf die sich die Stückzahl von durchschnittlich 10.200 Kabel pro Tag verteilt.

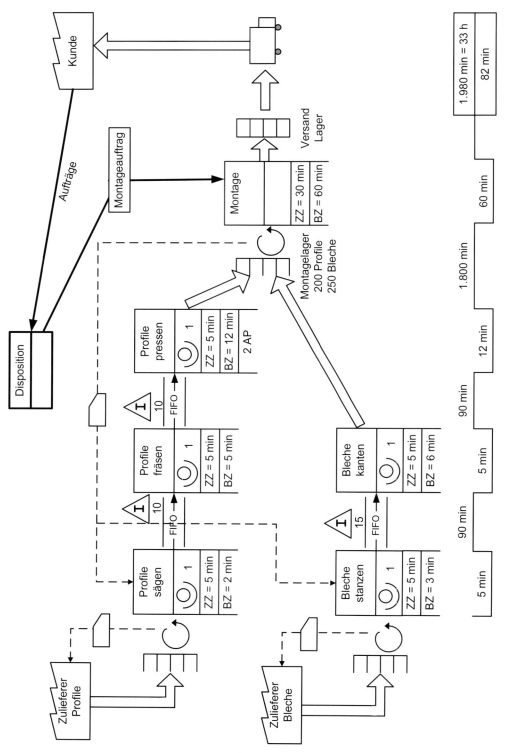

Abbildung 83: Soll-Zustand

Ablauf: Vom Kundenauftrag zum Fertigungsauftrag

Eintreffende Kundenaufträge werden zunächst mit dem Lagerbestand abgeglichen. Ist kein Bestand vorhanden oder wird durch die Bestellung der Mindestbestand unterschritten, so wird ein Auftrag an die Fertigung ausgelöst. Die Losgröße richtet sich nach festgelegten Wiederbeschaffungsrichtlinien. Diese Bestellung wird an die Fertigungsvorbereitung der Produktion übermittelt und dort in einen Fertigungsauftrag („FAUF") umgewandelt. Die Kundenbestellungen von Industrieunternehmen („Endkunden") sowie deren Niederlassungen und Auslandstöchtern kommen laufend per Fax oder Mail. Im Durchschnitt gehen 300 Aufträge pro Tag ein, die Liefermengen von eins bis 5.000 Stück umfassen. Es gibt keine Mindestbestellmengen.

Arbeitsvorbereitung

Die lokale Arbeitsvorbereitung legt die Reihenfolge der Fertigungsaufträge zur Einsteuerung in die Fertigung fest. Diese richtet sich nach den Kabeltypen (Farbe, Material, Aderzahl). Entsprechend dieser Reihenfolge werden die Kabeltrommeln mit den Rohkabeln bereitgestellt. Der Zulieferer beliefert das Lager mit den Rohkabeln bis zu viermal pro Woche. Die Bedarfsplanung erfolgt über einen zentralen Einkauf.

So sehen die Fertigungsschritte aus:

Fertigungsschritt	Tätigkeiten und Beschreibung
Kabelkonfektionierung	An 5 Maschinen werden die Kabel von der Trommel abgelängt, abgemantelt (abisoliert) und anschließend mit der Typbezeichnung des Kabels („sprechender Produktschlüssel") bedruckt. Jede Maschine wird von einem Mitarbeiter bedient; die Zykluszeit beträgt zehn Sekunden, ebenso die Bearbeitungszeit. Die Rüstzeit (Austausch der Kabeltrommel und Umrüsten des Messersatzes) beträgt fünf Minuten. Pro Tag wird 150 mal gerüstet. Dieser Prozessschritt läuft einschichtig.
Fertigungsvorbereitung	Zwei Mitarbeiter stellen in einer Schicht anhand der vorliegenden Papiere Kabel und entsprechende Köpfe zusammen. Pro Kiste benötigen sie dazu 120 Sekunden; das ist auch die Zykluszeit. Durchschnittlich liegen 25 Kabel in einer Kiste.

Löten	Bei diesem Prozess werden die Innenteile der Stecker an die Kabelenden gelötet. Dazu stehen 12 Arbeitsplätze mit je einer Mitarbeiterin zur Verfügung. Die Bearbeitungszeit beträgt 40 Sekunden und ist gleich der Zykluszeit. Gearbeitet wird in zwei Schichten.
Spritzen	Die gelöteten Steckerinnenteile werden umspritzt, und zwar auf sechs mittelgroßen Maschinen in drei Schichten. Dazu ist je Maschine ein Mitarbeiter nötig. Der Mitarbeiter legt taktgebunden die Kabelenden in einen Drehtisch ein. Gleichzeitig erfolgt auf der gegenüberliegenden Seite des Drehtisches ein Spritzvorgang. Die Bearbeitungszeit beträgt 50 Sekunden. Die Rüstzeiten und -häufigkeiten in der Spritzerei sind insgesamt wie folgt: 	Einsatzwechsel (Größe)	750 Sekunden, 24mal pro Tag	 	Werkzeugwechsel gerade/gewinkelt	1.500 Sekunden, zweimal pro Tag	 	Farbwechsel	3.600 Sekunden, dreimal pro Tag	 Kabel, bei denen die Enden unterschiedlich umspritzt werden, durchlaufen den Prozess zweimal.
Prüfen	Die Kabel werden an acht manuellen Arbeitsplätzen geprüft. Die Zykluszeit beträgt 25 Sekunden und ist gleich der Bearbeitungszeit. Das Prüfen geschieht zweischichtig.
Verpacken	Drei Mitarbeiterinnen verpacken zweischichtig die fertigen Kabel. Die Zykluszeit beträgt durchschnittlich 20 Minuten pro 100 Stück. Die Verpackungseinheiten reichen von ein bis maximal 100 Stück pro Karton.

Ein Vorarbeiter ordnet die Lötarbeiten manuell den einzelnen Arbeitsplätzen zu. Er orientiert sich dabei an den unterschiedlichen Fertigkeiten der Löterinnen. Die Reihenfolge beim Umspritzen sowie die Maschinenbelegung legt ein Vorarbeiter fest, der versucht, die Zahl der Umrüstvorgänge möglichst gering zu halten. Nach dem Spritzen erfolgt eine Fertigmeldung an die Fertigungssteuerung, die dann eine Reihenfolgeplanung für das Prüfen vornimmt. Das Verpacken erfolgt aufgrund einer Planliste, die nach Lieferterminen sortiert ist.

Belieferung der Kunden

Ein Logistik-Dienstleister holt die Sendungen im zentralen Distributionslager einmal täglich ab und beliefert die Kunden. Die Produktion beliefert dieses Zentrallager einmal täglich per LKW. Die gelieferten Teile werden zunächst eingelagert. Daher findet hier nach dem Ausdrucken des Lieferscheines eine kundenspezifische Kommissionierung und Verpackung statt. Der Druck des Lieferscheines wird vom zentralen Dispositionssystem gesteuert und veranlasst.

Mapping des Ist-Zustandes

Für diesen Fall ergibt sich das in Abbildung 84 dargestellte Mapping. In diesem Mapping sind auch die bei der Beobachtung vor Ort angetroffenen Bestände eingetragen. Man erkennt deutlich die Mehrstufigkeit der Planung über eine zentrale Disposition und die lokale Fertigungssteuerung. Ebenso sind die verschiedenen »Brillen« oder »Go see«-Steuerungen erkennbar, wo Mitarbeiter/innen vor Ort die Reihenfolge der zu bearbeitenden Aufträge optimieren - nach auf den jeweiligen Prozess ausgerichteten Kriterien.

Bilanzhülle

In dem dargestellten Mapping ist die Festlegung der Bilanzhülle erkennbar: Das zentrale Dispositionslager ist in die Prozesskette eingegliedert, ebenso der danach erfolgende Prozess „Kommissionieren und Verpacken". Dies verdeutlicht die Bilanzhülle vom Lieferanten bis zum Endkunden. Denkbar wäre hier auch eine Bilanzhülle, die sich nur bis zum Distributionslager erstreckt und dieses als Endkunden der Produktion ansieht. Das wäre zum Beispiel dann der Fall, wenn man die Ist-Analyse nur alleine aus Sicht der Produktion erstellt hätte.

Beachtung von Kennwerten

Erkennbar ist im Mapping auch das Verhältnis zwischen Warte- und Liegezeiten einerseits und Bearbeitungszeit andererseits, das im unteren Bereich dargestellt ist. Für die Berechnung der Warte- und Liegezeiten werden die beobachteten Bestandsmengen dividiert durch die durchschnittliche Abnahmemenge von 10.200 Kabel pro Tag. Diese Rechnung, ebenso wie die Berechnung der Bearbeitungszeiten, ist nicht ganz genau, denn einige Prozesse werden mehrfach durchlaufen: Je nach Ausführung werden bei den Kabeln entweder beide Enden oder nur ein Ende mit einem Stecker versehen (im letzteren Fall bleibt das andere Ende offen). Bei einer ganz genauen Betrachtung muss man hier für die Prozesse Löten und Spritzen jeweils die doppelte Bearbeitungszeit rechnen. Dementsprechend müssen die Bestände vor diesen Prozessen nicht durch die Anzahl der produzierten Kabel, sondern durch die Anzahl der produzierten

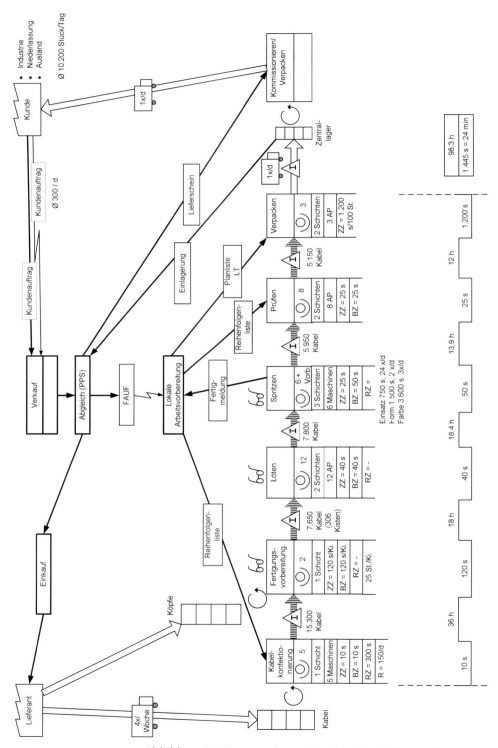

Abbildung 84: Ausgangslage, Mapping des Ist-Zustandes

Köpfe geteilt werden, um die entsprechenden Wartezeiten zu erhalten. Hierbei stellt sich die Frage, welche zusätzliche Genauigkeit man durch diese Vorgehensweise erhält und ob sich der Aufwand für eine derartige Detaillierung lohnt.

Kaizen-Blitze

Im Anschluss an das Mapping werden die Kaizen-Blitze eingetragen. In Abbildung 85 ist erkennbar, welche Schwachstellen und Verbesserungsansätze sofort identifiziert werden können:

- *Die komplexe Steuerung über zwei Stufen führt zu einer Verlängerung der Bearbeitungszeit des Kundenauftrages und somit zu einem Verlust an Reaktionsfähigkeit und Flexibilität der Produktion.*
- *Die Bestände vor den Prozessen sind zu hoch, was sich in der langen Durchlaufzeit und vor allem im Verhältnis Durchlaufzeit zu Bearbeitungszeit manifestiert.*
- *An mehreren Stellen erfolgt die Steuerung der Reihenfolge nach dem „Go see"-Prinzip, was einen unnötigen Aufwand vor Ort und eine nicht kalkulierbare Durchlaufzeit bedeutet.*
- *Die Abwicklung über ein zentrales Distributionslager führt zu einer Entkopplung von Kunden- und Fertigungsauftrag und somit zu hohen Lagerbeständen. Es wird nicht das produziert, was der Kunde will, sondern das, was aufgrund von Marktbeobachtungen erwartet wird.*
- *Zykluszeiten, verfügbare Arbeitszeiten und Schichtregime (unterschiedliche Anzahl der genutzten Schichten) zeigen, dass die Prozesse in keinster Weise aufeinander abgestimmt und koordiniert sind. Hier sind Detailoptimierungen durchgeführt worden, ohne das Gesamtoptimum zu sehen.*
- *Rüstzeiten sind hoch und die technische Zuverlässigkeit der Prozesse ist gering. Hier gibt es Ansatzpunkte zu einer deutlichen Effizienzsteigerung.*

Vision: Rhythmus entwickeln

Nach der Ist-Analyse folgt die Ableitung einer Vision. Dabei orientiert man sich an den grundlegenden Gedankenansätzen und Gestaltungsbereichen und arbeitet die dort aufgeführten Fragen schrittweise durch. So muss als erstes ein Produktionsrhythmus gefunden werden, der sich am Kundenbedarf orientiert. In diesem Rhythmus soll dann die gesamte Prozesskette arbeiten, und zwar durchgängig. Das impliziert direkt, dass in der Vision eine einheitli-

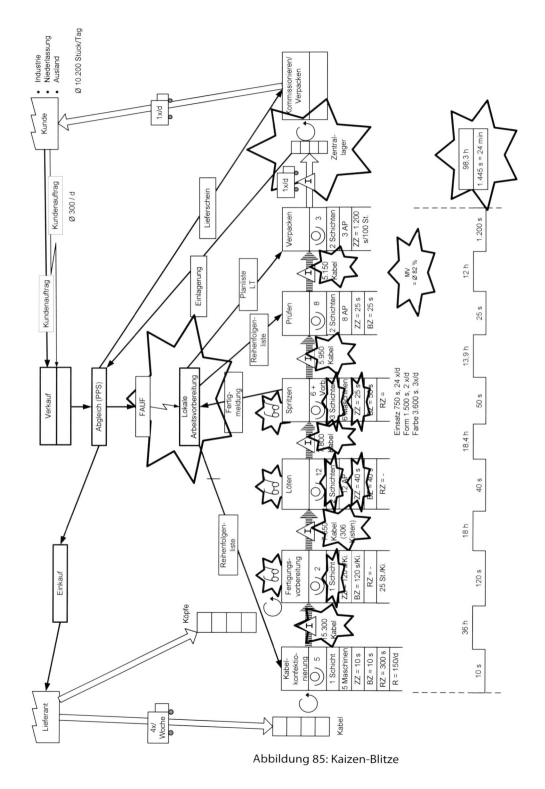

Abbildung 85: Kaizen-Blitze

che Schichtregelung angesetzt werden muss, bei der alle Prozesse in gleicher Anzahl Schichten ablaufen.

Wenn die Anzahl der vom Kunden beauftragten Kabel durchschnittlich 10.200 pro Tag beträgt, errechnet sich der Kundentakt bei einem zweischichtigen Betrieb und einer verfügbaren Arbeitszeit von sieben Stunden pro Schicht zu knapp fünf Sekunden (genau: 4,94 Sekunden). Das bedeutet, dass alle fünf Sekunden ein Kabel das Produktionssystem verlassen muss, um den Kundenbedarf bei einem zweischichtigen Betrieb zu befriedigen. Bei einem dreischichtigen Betrieb würde der Kundenrhythmus 7,5 Sekunden betragen. Dieser Produktionsrhythmus ist nun die bestimmende Größe, wenn später das System in Bezug auf benötigte Maschinenkapazitäten und Überarbeitung der technischen Prozesse ausgelegt wird.

Ein Kennzeichen des Ist-Zustandes ist der mangelnde kontinuierliche Fluss aufgrund der vollkommen unterschiedlichen Prozessparameter und -abläufe. Bei der Entwicklung der Vision soll nun ein kontinuierlicher Fluss geschaffen werden, weshalb man nach technischen Prozessen suchen muss, die diesen ermöglichen. Zunächst geht man, entsprechend der in Kapitel 3.4 dargestellten „Leitlinien", davon aus, dass es derartige technische Lösungen gibt und eine Prozesskette „Montage – Spritzen – Prüfen" gibt.

Schrittmacherprozess finden

Ein weiterer Ansatzpunkt für die Gestaltung ist die Ebene „Steuerung – Sequenz": Welcher Prozess eignet sich als Schrittmacherprozess, der durch den Kundenauftrag gesteuert wird? Die Betrachtung der Prozessparameter zeigt, dass eine mögliche Aufteilung der Prozesskette hinter dem Ablängen der Kabel von der Kabeltrommel erfolgen kann. Der Ablängprozess folgt erheblich differierenden Parametern als die nachfolgenden Prozesse; insbesondere das Auslagern und Aufspannen der Kabeltrommeln ist schwierig und abkoppelbar. Es ergibt sich somit ein möglicher selbststeuernder Regelkreis, nämlich das Ablängen der Kabel und die Versorgung mit „Rohkabeln". Die Kabel könnten in einem Kanban-Lager gelagert werden, wo sie bei Bedarf entnommen werden.

Betrachtung der Varianten

Eine genauere Betrachtung dieses Regelkreises zeigt, dass das Lager aufgrund einer Kleinigkeit zu variantenreich werden könnte: Die Kabel werden im Ist-Zustand nach dem Ablängen direkt bedruckt, und zwar mit dem endgültigen Produktcode, der auch die Ausführung der Stecker beinhaltet. Bei den eingangs dargestellten verschiedenen Ausführungsformen (Länge, Farbe, Adern, Material, Enden, Stecker usw.) ergeben sich 960 Kabelvarianten, die dann in entsprechender Stückzahl im Kanban-Lager vorgehalten werden müssten. Legt man jedoch das Bedrucken an das Ende der Prozesskette, so reduziert sich die Anzahl der Varianten auf 80, denn jetzt muss man nur noch nach Kabellänge, Adernzahl, Material und Farbe unterscheiden, nicht mehr nach Steckerform, -farbe und -ausführung sowie Endenform. Man erreicht somit eine überschaubare Lagergröße. Zu beachten ist hier jedoch die starke Schwankung der Kundenauftragsgröße. Das Kanban-Lager ist auf einen Durchschnittswert bezüglich Auftragsgröße ausgelegt und wird bei einer Abweichung nach oben nicht schnell genug wieder aufgefüllt. Deshalb wird durch die zentrale Auftragsannahme eine Vorbewertung der Aufträge durchgeführt. Kommen Aufträge vom Kunden, deren Menge die Auslegung des Kanban-Lagers überschreitet, wird die Wiederauffüllmenge durch Einsteuerung zusätzlicher Karten temporär künstlich erhöht.

Auftragssequenz festlegen

Die Sequenz der Aufträge muss vor dem Schrittmacherprozess bestimmt werden. Hier wird festgelegt, welche beauftragten Kabel zu welchen Paketen zusammengepackt werden, um eine optimale und gleichmäßige Durchlaufzeit und möglichst hohe Flexibilität zu erreichen. Es ist das Ziel, ein möglichst kleines EPEI zu erreichen. Dazu müssen Rüstzeiten und technische Prozesse im Detail untersucht und optimiert werden, was sich später im Maßnahmenplan widerspiegelt.

Schneller Ablauf mit Lieferung direkt an Kanban

Ein weiteres Thema bei der Erarbeitung der Vision ist die Frage, ob das Distributionslager erhalten bleiben muss. Wenn eine Prozesskette mit kontinuierlichem Fluss geschaffen wird, kann die Forderung nach einer weitgehenden Reduzierung der Durchlaufzeit erreicht werden, wie in Abbildung 86 dargestellt. Dann ist ein zentrales Distributionslager gar nicht mehr nötig, denn die Produktion kann direkt an den Kunden liefern – und somit weitere Durchlaufzeit einsparen.

In Abbildung 86 ist die Vision dargestellt, die sich aus den obigen Ausführungen ergibt. Diese Vision ist Leitlinie für die weitere Arbeit. Zukünftige Entscheidungen jedweder Art, also zum Beispiel Prozesstechnologien, Maschinenkapazitäten, aber auch Betriebsvereinbarungen bezüglich Arbeitszeiten, Schichtmodellen etc. richten sich danach aus. Diese Vision ist dann auch Basis für die Entwicklung eines zukünftigen Soll-Konzeptes.

Soll-Konzept mit neuer Technik

Aus der Vision wird nun in einem nächsten Schritt ein Soll-Konzept entwickelt, und zwar für einen zeitlichen Horizont von ungefähr einem Jahr. In der Vision wurden zwei Prozesse durch alternative Verfahren ersetzt: Die Steckermontage und das Spritzen. Intensive Diskussionen im Team sowie Technologie-Recherchen haben ergeben, dass der Lötprozess durch Crimpen substituiert werden könnte. Bei diesem Prozess werden die Stecker nicht mehr an das Kabel gelötet, sondern die Steckerbeine werden um die Kabelenden gebogen, eben „gecrimpt". Anschließend werden diese Kabelenden mit den Steckerbeinen in einen Steckerboden eingesteckt. Dieses Verfahren ist deutlich schneller als das bisherige Löten und vor allem wesentlich prozesssicherer. Voraussetzung dafür sind die Umkonstruktion des Steckers und entsprechend neue Zukaufteile. Da diese Aufgaben jedoch nicht schnell zu erledigen sind, wurden die dafür notwendigen Aufgaben zwar definiert, aber eine entsprechende Gestaltung noch nicht ins Soll-Konzept eingearbeitet.

Neugestaltung einzelner Prozesse

Ähnliches gilt für das Spritzgießen. Auch hier ergab sich durch Diskussion und intensive Recherchen, dass es durchaus die Möglichkeit gibt, vorhandene Spritzgussmaschinen durch kleinere Maschinen zu ersetzen, die kürzere Bearbeitungs- und deutlich geringere Rüstzeiten haben. Hierfür müssen jedoch die Werkzeuge umkonstruiert werden, was einen erheblichen zeitlichen Aufwand bedeutet. Deshalb wurde dieser Punkt in die Maßnahmenliste (den „Wertstromjahresplan") zwar aufgenommen, im unten dargestellten Soll-Konzept jedoch noch nicht berücksichtigt.
Für das Soll-Konzept wurde zunächst der Kreislauf der Kabelkonfektionierung optimiert und in einen selbststeuernden Regelkreis umgestaltet. Dazu wurde beschlossen, das Bedrucken der abgelängten Kabel aus diesem Prozessschritt herauszulösen und an das Ende der Prozesskette zu verlegen. Eingeführt wurde ein Kanban-Lager für abgelängte Kabel, aus dem der Schrittmacherprozess „Fertigungsvorbereitung" sich bedient.

Gleichzeitig wurden Prozessketten gebildet, und zwar immer zwei Lötarbeitsplätze und eine Spritzgießmaschine, mit fester Zuordnung. Zwischen den Prozessschritten wird jeweils eine FIFO-Kette

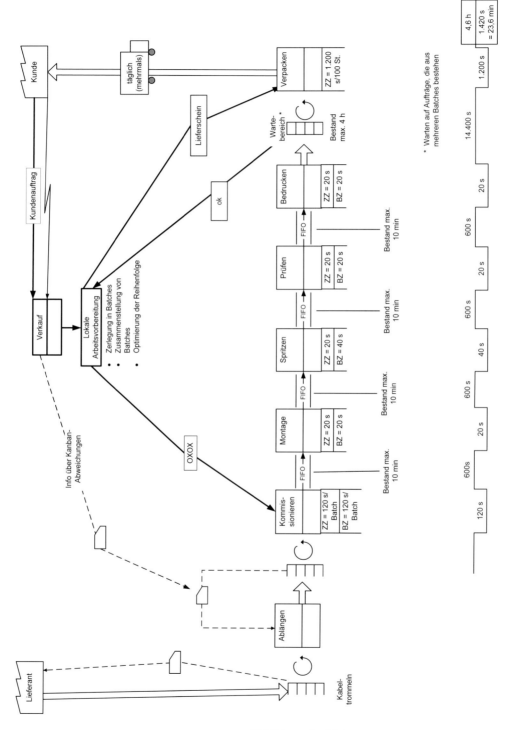

Abbildung 86: Vision

eingerichtet, so dass der Spritzgießprozess sich nicht mehr um die Reihenfolge der Aufträge kümmern muss.

Batches in der Fertigungssteuerung

Die wichtigste Neuerung ist die Einführung von festen Paketen, sogenannten „Batches", in der Fertigungssteuerung. Die eingehenden Aufträge werden in Pakete aufgeteilt, die aus Kabeln mit gleichen Steckern bestehen. Ein Paket kann aus mehreren Kundenaufträgen bestehen; genauso kann ein Kundenauftrag unter Umständen auf mehrere Pakete aufgeteilt werden.

Entstehung der Flexibilität

Ein Paket besteht immer aus einer annähernd gleichen Anzahl von Kabeln, wobei sich die Anzahl der Kabel nach Maschinenverfügbarkeit, Rüstzeit und den somit sich ergebenden möglichen Rüstwechseln ergibt. Gleichzeitig wurde ein Programm gestartet, die Maschinenverfügbarkeit von 82 % im Ist-Zustand auf 85 % zu steigern. Diese Steigerung bringt beispielsweise die Möglichkeit, etwa zwanzigmal häufiger einen Einsatzwechsel durchzuführen, entsprechend öfter die zu spritzende Stecker-Geometrie zu wechseln und somit die Losgröße der einzelnen Pakete zu reduzieren. Es wird dadurch ein kleineres „EPEI" erreicht, was letztlich zu mehr Flexibilität führt.

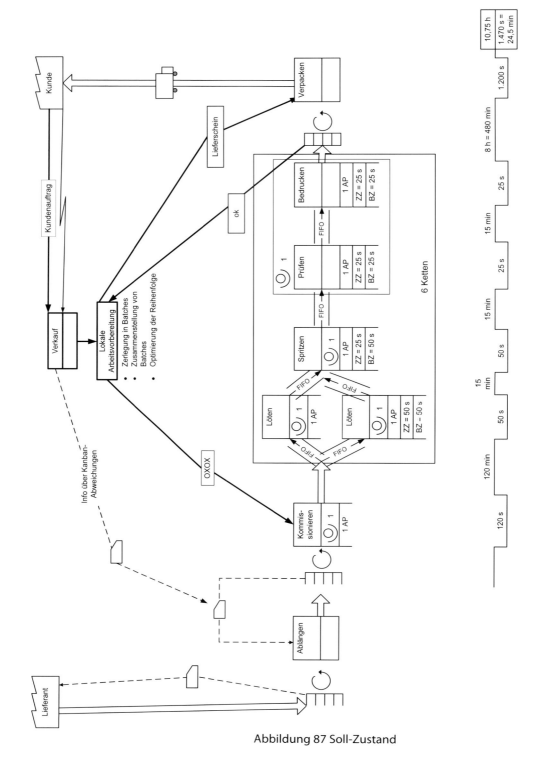

Abbildung 87 Soll-Zustand

9. Anhang

9.1 Wertstrom-Symbole

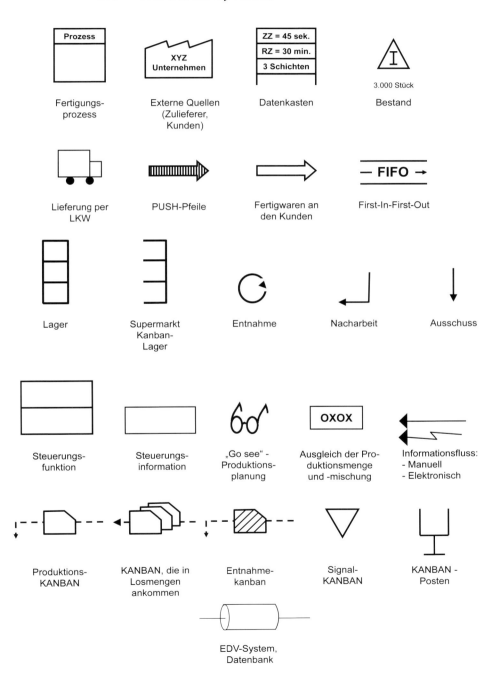

9.2 Formular zur Prozesserfassung

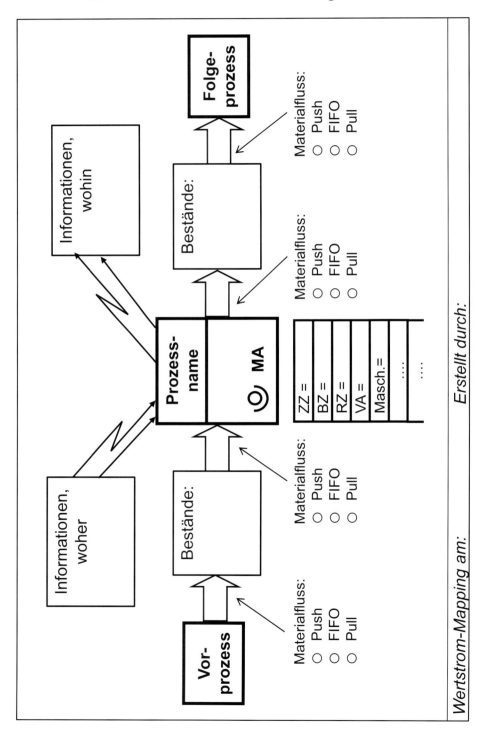

9.3 Wertstromjahresplan

Datum		Unterschriften	Werksleiter	
Betriebsleiter/Werksleiter			Betriebsrat	
Wertstrom-Manager			Technik	
Produktfamilie			Wartung	

Wertstromjahresplan

Wertstrom-Maßnahme	Typ S/M/G*	Einzelschritte	Ziel (messbar)	Monatsplanung 1 2 3 4 5 6 7 8 9 10 11 12	Verantwortlicher	Betroffene Abteilung	Prüfungszeitplan Prüfer	Datum

Anmerkungen:
* S = Sofortmaßnahme, M = Maßnahmenpaket, G = Grundsatzentscheidung

9.4 Checkliste Mapping

Checkliste für Erstellen eines Mappings

☐ **Festlegen der Bilanzhülle:**
    ☐ **"Wer ist der Kunde?"**
    ☐ **Anfang und Ende der Prozesskette**
 	
☐ **Anzahl der Prozesse bestimmen**
 	
☐ **Blatt einteilen**
 	
☐ **Mapping zeichnen:**
    ☐ **Kunde**
    ☐ **Prozesse**
    ☐ **Materialflüsse**
    ☐ **Lieferanten**
    ☐ **Bestände**
    ☐ **Steuerung**
    ☐ **Kennwerte**

9.5 Operator Balance Chart

„Operator Balance Chart" oder kurz OBC ist eine Methode, um Wege zu finden, die Zykluszeiten innerhalb verschiedener Prozessschritte aufeinander abzugleichen, eine Prozesskette mit einem kontinuierlichen Fluss zu entwickeln und eine Synchronisierung zu erreichen. Auch bei dieser Methode wird versucht, die Verschwendungsanteile in einer Prozesskette weitestgehend zu eliminieren. Allerdings geschieht dies auf der Ebene einzelner Arbeitsschritte, Tätigkeiten oder Handgriffe, also auf einer sehr detaillierten Ebene. Eine OBC-Untersuchung läuft immer in vier Schritten ab:

- Aufnahme der Tätigkeiten, Handgriffe und Arbeitschritte in der Prozesskette,
- Zuordnung der Tätigkeiten in die Kategorien „Wertschöpfung", „Unterstützung" und „Verschwendung",
- Eliminieren der Verschwendung und Optimierung der unterstützenden Tätigkeiten,
- Synthese zu einer neuen Prozesskette.

Anhand des folgenden Beispiels wird gezeigt, wie diese vier Ebenen durchlaufen und eine Optimierung einer Prozesskette nach diesem Verfahren durchgeführt wird.

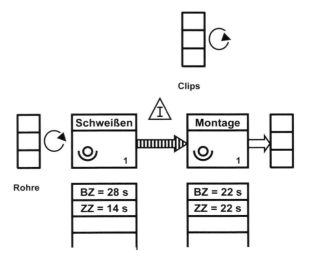

Abbildung 88: Ausgangslage

Abbildung 88 zeigt die Ausgangslage: Im Rahmen eines Wertstrom-Mappings wurde die Fertigung von geschweißten Rohrstücken mit anschließender Montage von Clips erfasst. Die Prozessschritte „Schweißen" und „Montage" werden jeweils von einem Mitarbeiter bedient und liegen räumlich auseinander. Ihre Zyklus- wie auch Bearbeitungszeiten sind unterschiedlich, weshalb sich zwischen den beiden Prozessen Bestände aufbauen. Die Steuerung erfolgt über eine zentrale Fertigungsplanung, und zwar für jeden Prozess einzeln.

In der zukünftigen Konzeption sollen beide Prozesse zu einer Prozesskette mit einem kontinuierlichen Fluss zusammengefasst werden. Das Ziel ist, beide Prozesse räumlich zusammenzulegen und so miteinander zu verknüpfen, dass ein „Hand in Hand arbeiten" ermöglicht wird. Gleichzeitig soll versucht werden, die Zykluszeit der gesamten Prozesskette zu reduzieren und die Bestände weitestgehend zu eliminieren. Dazu muss eine Annäherung der Zykluszeiten erreicht werden, was nur durch eine detaillierte Analyse der einzelnen Tätigkeiten innerhalb der Prozesse erreicht werden kann.

Nach der OBC-Methode werden zunächst die einzelnen Tätigkeiten innerhalb der beiden Prozesse detailliert analysiert. Genau wie bei einem Mapping geschieht dies durch Beobachtung am Ort des Geschehens und nicht etwa durch die Auswertung von Arbeitsplänen. Hintergrund dafür ist, dass in den Arbeitsplänen zwar die Tätigkeiten des Bedieners beschrieben sind, nicht jedoch die in der Regel damit verbundenen Nebentätigkeiten wie zum Beispiel „Material holen", „Teile einlegen" oder „Teile entnehmen". Abbildung 89 stellt dar, welche Tätigkeiten bei den beiden Beispielprozessen in einer Detailaufnahme beobachtet werden.

Im nächsten Arbeitsschritt der OBC-Analyse werden die einzelnen Tätigkeiten nun den Kategorien „Wertschöpfung", „Unterstützung" und „Verschwendung" zugeordnet. In der Regel ist sehr schnell klar, welche Tätigkeiten tatsächlich Wertschöpfung sind. Im vorliegenden Beispiel ist die einzige Tätigkeit, bei der die beiden Bediener selbst eine Wertschöpfung erbringen, die Montage der Clips. Das Zusammenschweißen der beiden Rohr-

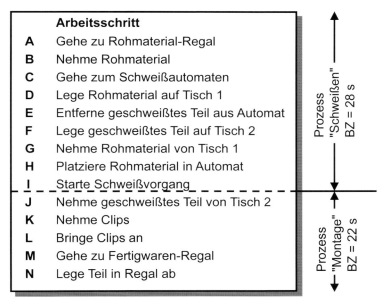

Abbildung 89: Detailaufnahme der Tätigkeiten

stücke ist zwar eine wertschöpfende Tätigkeit, wird aber nicht vom Bediener, sondern vom Schweißautomaten durchgeführt.

Weniger eindeutig ist in der Regel die Unterscheidung zwischen unterstützenden und überflüssigen Tätigkeiten (Abbildung 90). Eine Orientierung bieten die verschiedenen Formen der Verschwendung, wie sie bereits erläutert worden sind:

	Zeit/sec	Arbeitsschritt	wert-schöpfend	unter-stützend	über-flüssig
A	4	Gehe zu Rohmaterial-Regal			X
B	3	Nehme Rohmaterial		X	
C	3	Gehe zum Schweißautomaten			X
D	2	Lege Rohmaterial auf Tisch 1			X
E	4	Entferne geschweißtes Teil aus Automat			X
F	2	Lege geschweißtes Teil auf Tisch 2			X
G	2	Nehme Rohmaterial von Tisch 1			X
H	5	Platziere Rohmaterial in Automat		X	
I	3	Starte Schweißvorgang		X	
J	2	Nehme geschweißtes Teil von Tisch 2		X	
K	3	Nehme Clips		X	
L	10	Bringe Clips an	X		
M	4	Gehe zu Fertigwaren-Regal			X
N	3	Lege Teil in Regal ab		X	
	50		10	19	21

Abbildung 90: Einteilung der Tätigkeiten in Kategorien

- Transporte sind immer Verschwendung. Das bedeutet in der Folge, dass der Gang zu einem Regal, um dort zum Beispiel Rohmaterial zu entnehmen, Verschwendung ist. Das Regal könnte gegebenenfalls so aufgestellt werden, dass der Weg dorthin überflüssig wird und die entsprechende Zeit eingespart werden kann. Im vorliegenden Beispiel sind somit die Tätigkeiten A, C und M Verschwendung und werden dementsprechend gekennzeichnet.
- Bestände sind Verschwendung. Dementsprechend sind auch Zwischenpufferungen Verschwendung. Das bedeutet, dass das Ablegen von Teilen, das ja eine, wenn auch kurze, Zwischenpufferung darstellt, Verschwendung ist. Im Beispiel werden daher die Tätigkeiten D und F als Verschwendung definiert.
- Das Entfernen von Teilen aus einer Maschine stellt im Gedankenansatz der schlanken Produktion ebenfalls eine Verschwendung dar. Die Idee hinter diesem Ansatz ist, dass Teile durch eine einfache automatische Einrichtung aus einer Maschine entfernt werden können und dies nicht von Hand passieren muss. Dieser Gedanke führt immer wieder zu Diskussionen, hilft aber letztlich dabei, schlanke Gestaltungsansätze bei maschinellen Prozessen zu finden. Im vorliegenden Beispiel ist der Prozess E daher Verschwendung.
- Schließlich bleiben die unterstützenden Tätigkeiten. Dazu gehören alle Tätigkeiten, mit denen wiederum wertschöpfende Tätigkeiten gestartet werden. Im Beispiel sind das die Tätigkeiten H und I, durch die der wertschöpfende Schweißvorgang gestartet wird, sowie die Tätigkeiten J und K, mit denen die wertschöpfende Montage begonnen werden kann.
- Ein Arbeitsschritt im vorliegenden Beispiel ist schwierig einzustufen und gibt durchaus Grund zur Diskussion: Die Tätigkeit G ist nach der obigen Festlegung eigentlich unterstützend. Mit diesem und den nächsten beiden Tätigkeiten werden die Vorbereitungen für den wertschöpfenden Schweißprozess getroffen. Dennoch wurde der Arbeitsschritt in diesem Beispiel der Kategorie „Verschwendung" zugeordnet. Er muss nämlich im Zusammenhang mit dem Arbeitsschritt D gesehen

werden, bei dem die Rohrstücke zunächst abgelegt werden, um dann anschließend bei G wieder aufgenommen zu werden. Daher hat dieser Arbeitsschritt G eine andere Qualität als der Arbeitsschritt K, bei dem die Clips zum Beispiel aus einem Kanban-Behälter entnommen werden.

Wenn die Einteilung der Tätigkeiten in die Kategorien erfolgt ist, beginnt man mit der Eliminierung der Verschwendung und Optimierung der unterstützenden Tätigkeiten. Oftmals muss dieser Arbeitsschritt im Übrigen mehrfach in Schleifen durchlaufen werden, um zu einem Optimum zu kommen. Dabei kann dann die Einteilung der Tätigkeiten in die beiden Kategorien „Verschwendung" und „Unterstützung" verändert werden. In der Regel wird man die Einteilung zunächst zu Gunsten der Kategorie „Unterstützung" durchführen, um dann den Bewertungsmaßstab in den folgenden Schleifen etwas enger zu fassen.

Bei der Optimierung der Tätigkeiten muss hinterfragt werden, ob und warum die Tätigkeiten der Kategorie „Verschwendung" überhaupt durchgeführt werden müssen. Der erste Schritt ist also, die verschwendenden Tätigkeiten zu hinterfragen, nach Möglichkeit zu eliminieren und die dafür notwendige Maßnahme festzuhalten (Abbildung 91). Nicht immer ist eine Maßnahme so offensichtlich wie im vorliegenden Beispiel: Durch eine Verlegung des Rohmateriallagers könnte die Tätigkeit A direkt eliminiert werden. Es ist ja denkbar, dass dieses Lager auch für andere Prozessketten genutzt wird und daher nicht einfach zu verlegen ist.

	Zeit/sec	Arbeitsschritt	wertschöpfend	unterstützend	überflüssig
A	4	Gehe zu Rohmaterial-Regal			X
B	3	Nehme Rohmaterial		X	
C	3	Gehe zum Schweißautomaten			X
D	2	Lege Rohmaterial auf Tisch 1			X
E	4	Entferne geschweißtes Teil aus Automat			X
F	2	Lege geschweißtes Teil auf Tisch 2			X
G	2	Nehme Rohmaterial von Tisch 1			X
H	5	Platziere Rohmaterial in Automat		X	
I	3	Starte Schweißvorgang *		X	
J	2	Nehme geschweißtes Teil von Tisch 2		X	
K	3	Nehme Clips		X	
L	10	Bringe Clips an	X		
M	4	Gehe zu Fertigwaren-Regal			X
N	3	Lege Teil in Regal ab		X	

Ansätze

- Arbeitsschritt E automatisieren

- D, G entfallen, F ebenso
- Tisch 1 nicht mehr benötigt

- Rohmaterial-Regal kann direkt neben Automat stehen
- C entfällt

- Fertigwaren-Regal direkt neben Clip-Montage platzieren
- M, A entfallen

Abbildung 91: Verbesserungsansätze

Es hat sich bewährt, zunächst nach Tätigkeiten zu suchen, die einfach automatisiert werden können. Im vorliegenden Beispiel ist das die Tätigkeit E, nämlich das Entfernen des geschweißten Teils aus dem Automaten. Eine mögliche Maßnahme ist das Anbringen eines einfachen Auswerfers, der das fertig geschweißte Teil aus der Maschine schiebt. Da der Bediener nun das Teil nicht mehr aus der Maschine herausnehmen muss, entfallen durch diese Veränderung die Tätigkeiten F, D und G.

Weitere Ansatzpunkte für Veränderung bestehen darin, Zwischenschritte durch einfache Hilfsmittel überflüssig zu machen und „Abholgänge" zu vermeiden. Wenn im vorliegenden Beispiel das Fertigwarenregal direkt neben der Clip-Montage platziert wird und gleichzeitig das Rohmaterial-Lager tatsächlich neben dem Schweißautomaten angeordnet werden kann, entfallen auch die Arbeitsschritte C, M und A. Somit ergibt sich eine neue, wesentlich schlankere Folge von Tätigkeiten, wie in Abbildung 92 dargestellt.

Durch diesen Optimierungsprozess hat man nun zunächst die Tätigkeiten weitestgehend von Verschwendung befreit. Man kann nun auch durch räumliche Zusammenlegung der verbleibenden Tätigkeiten eine Prozesskette mit einem kontinuierlichen Fluss aufbauen. Bei der Anordnung der einzelnen Tätigkeiten gibt es verschiedene Alternativen: Die genannte kreisförmige Anordnung ermöglicht die weitgehende Eliminierung von überflüssigen „Abholgängen", während eine linienför-

	Arbeitsschritt	Zeit/sec
B	Nehme Rohmaterial	3
H	Platziere Rohmaterial in Automat	5
I	Starte Schweißvorgang	3
J	Nehme geschweißtes Teil von Tisch 2	2
K	Nehme Clips	3
L	Bringe Clips an	10
N	Lege Teil in Regal ab	3

29

Abbildung 92: Optimierte Tätigkeitsfolge

mige Anordnung die Möglichkeit schafft, zwei Personen hintereinander arbeiten zu lassen (Abbildung 93). Dadurch kann die Ausbringung der Linie erhöht werden. Allerdings muss gegebenenfalls untersucht werden, ob Kapazität und Geschwindigkeit des Schweißautomaten dann noch ausreichend sind.

Vergleicht man jetzt die Zeitanteile der einzelnen Tätigkeiten vor und nach der Optimierung, so stellt man fest, dass eine deutliche Reduzierung der gesamten Bearbeitungszeit stattgefunden hat. Nahezu 40 % der vorher aufgewendeten Zeit für die beiden Prozessschritte war Verschwendung und kann durch den OBC-Ansatz eliminiert werden. Die einzelnen Tätigkeiten werden von einem Bediener hintereinander ausgeführt. Somit ergibt sich die Zykluszeit der Prozesskette aus der Summe der einzelnen Zeiten für die Tätigkeiten, wobei allerdings berücksichtigt werden muss, dass der Bediener nach der letzten Tätigkeit wieder

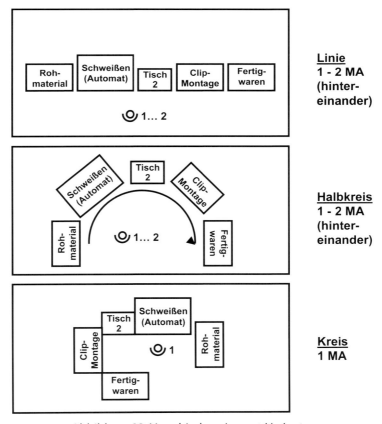

Abbildung 93: Verschiedene Layout-Varianten

zum Anfang zurückgehen muss (eigentlich Verschwendung, die durch eine entsprechende Anordnung der Arbeitsstationen – zum Beispiel um den Bediener herum – eliminiert werden könnte). Somit entspricht diese Zykluszeit ungefähr der im Soll-Konzept der Wertstrombetrachtung geforderten Vorgabe.

Die erarbeitete Prozesskette zeichnet sich durch einen weitgehend verschwendungsfreien Ablauf aus. Die ursprünglichen zwei Prozessschritte werden zu einer Kette zusammengefasst, bei der keine Bestände mehr vorhanden sind, und die Steuerung zweier Prozessschritte entfällt (Abbildung 94). Der Durchlauf durch diese Prozesskette ist berechenbar und unterliegt einem festen Zeitschema.

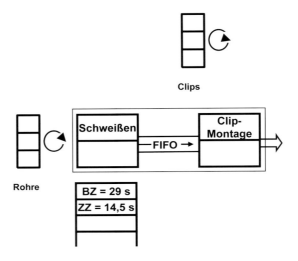

Abbildung 94: Soll-Zustand der Prozesskette

Danksagung

Bei der Erarbeitung dieses Buches haben mich Kollegen und Freunde unterstützt, denen ich an dieser Stelle besonders danken möchte. Viele Anregungen erhielt ich von Lesern meines ersten Buches „Wertstrom-Mapping und Wertstrom-Design". Hinweise von Teilnehmern meiner Workshops und Seminare waren ebenfalls wertvoll. Und schließlich lebt das Buch von den Erfahrungen im Rahmen von Projekten bei Unternehmen. Der direkte Austausch am Ort des Geschehens und die gemeiname Erarbeitung von Lösungen brachten mir viele wertvolle Erkenntnisse. Vielen Dank an alle, die ich begleiten durfte und die mit mir ihre Erfahrungen und ihr Wissen geteilt haben.

Ebenfalls bedanken möchte ich mich bei Sabine Leikep, die mit viel Mühe das Manuskript redigiert und mich unterstützt hat. Viel Geduld mit mir hatte während der Erstellung des Buches auch meine Partnerin Martina Dingendorf – vielen Dank auch an sie.

Stichwortverzeichnis

Abweichungen 22
Ad-hoc-Maßnahme 73, 165
a posteriori 99
a priori 97, 104
Auftragsabwicklung 139, 140, 147
Auftragsbearbeitung 144
Auftragssteuerung 66
Auslastung 12
Ausschussrate 39
Batches 183
Bearbeitungszeit 39, 42, 119, 136
Bestände 20, 24, 33, 36, 51, 54, 104, 121, 144, 151
Bilanzhülle 35, 63, 64, 143, 175
Cluster 69, 149
Disposition 55
Durchlaufzeit 9, 34, 37, 120, 121, 136
EDV-Systeme 143
Effizienz 9
Entscheidungsbefugnis 159
EPEI 39, 136, 180, 183
Erfolgskontrolle 32
Fabriksymbol 37
Fehler 22
Fertigungsauftrag 45, 173
Fertigungssteuerung 110, 114, 119, 122
FIFO 49, 50, 144, 181
Flexibilität 9, 13, 15, 98, 112, 113, 116, 135, 136, 169, 183
Ganzheitliche Betrachtung 140
Go see 94, 144, 150, 175
Heijunka-Board 123, 125
Informationen 56, 147
Informationsfluss 36
ISIS 146
Ist-Zustand 28, 33, 39, 78
Kaizen-Blitz 72, 177

Kanban 31, 99, 102, 104, 105, 108, 110, 122, 124, 125, 161, 168, 180
Kennzahlen 33, 66, 135, 161
Komplexität 15, 16, 108
Kopplung 107
Kunde 34, 63, 64, 86, 89, 137, 139
Kundenauftrag 34, 66, 72, 107
Kundenbedarf 79, 111, 119, 179
Kundentakt 86
Kundenwunsch 14, 16, 31, 87, 103, 119, 165
Lager 54, 151
Lagerbestände 66
Lean-Philosophie 10, 16, 19, 23
Lean Production 9
Lieferanten 37
Lieferfähigkeit 138
Lieferzeit 26
Losgröße 9, 12, 13, 15, 17, 39, 103, 113, 114, 116, 119, 120, 122, 136
Mapping 33, 34, 35, 38, 39, 52, 54, 62, 68, 69, 73, 75, 115, 129, 152
Maschinenverfügbarkeit 39, 45, 86, 118
Maschinenzeit 13
Materialfluss 27, 35, 36, 48
Mehrmaschinenbedienung 38
Milkrun 125
Montage 65, 71, 85
Nacharbeit 22
Nacharbeitungsrate 39
Nivellierung 122, 124, 125, 150
One-Piece-Flow 77, 83
Operator Balance Chart 91, 93, 137, 189
OTIF 137
OXOX-Kasten 122
Plantafel 123
Produktionsmix 80

Produktionsplan 112
Produkt-Prozess-Matrix 164
Prozess 37, 38, 51, 63, 71, 127
Prozesscluster 35
Prozesse 35
Prozesskette 12, 15, 63, 82, 86, 88, 94, 95, 107, 111, 112, 113, 136, 138, 150, 168
Pull-Prinzip 50, 99
Push-Prinzip 48, 50
Qualifizierung 162
Regelkreis 122, 138, 168, 179, 181
Reihenfolge 14, 22, 60, 63, 72, 80, 81, 85, 94, 95, 140, 149
Review 159
Rhythmus 34, 41, 79, 83, 86, 87, 145, 149, 165
Rückfragen 140, 145
Rüsten 117
Rüstzeit 19, 39, 44, 115
Schichtregime 177
Schnittstellen 140, 143, 147, 150
Schrittmacherprozess 94, 97, 99, 102, 105, 108, 109, 123, 168
Schwankungen 52, 89
Selbststeuerung 110
Sicherheitsdenken 109
Signal-Kanban 100
Soll-Konzept 133
Soll-Zustand 31, 73, 129, 169
Standardisierung 131, 161
Steuerung 36, 55, 57, 63, 79, 85, 96, 107, 109, 110, 111, 140, 144
Stillstände 11
Störungsmanagement 118
Supermarkt 100, 102, 125
Supply Chain 64
Symbole 33, 36, 54, 101, 140, 143, 152
Synchronisierung 131
Systematik 75

Systemumgebung 141
TPM 85, 118
Transport 20, 25, 72
Überproduktion 17, 72, 86, 112, 116, 119
Umlernprozess 156
Umrüsten 12, 15, 111, 124, 174
Umsetzung 136
Umsetzungsplan 32
Unterbrechungen 140
Variantenwechsel 125
Veränderungen 155
Verbesserungspotenzial 165
Verfügbare Arbeitszeit 39, 46
Verkettung 82, 85
Verschwendung 9, 16, 19, 20, 22, 24, 25, 27, 39, 54, 72, 86, 95, 119, 139, 151
Vision 30, 72, 76, 78, 80, 93, 128, 131
Visualisierung 136
Wartezeiten 10, 19, 145
Wertschöpfung 9, 23, 29, 43, 137
Wertschöpfungsgrad 137
Wertstrom 10, 27, 29, 113
Wertstromanalyse 62
Wertstromdiagramm ... 33, 35, 37, 54, 61, 100, 131, 136
Wertstromfabrik 51, 139, 158
Wertstromjahresplan ... 135, 157, 159
Wertstrom-Management 7, 10, 28, 135, 155
Wertstromquotient 136
Wettbewerb 9, 139
Wirtschaftlichkeit 12, 15, 27, 84, 112, 113, 135
Zulieferprozess 138
Zykluszeit 39, 41, 88, 90, 91, 105, 168

Weitere Bücher aus der Reihe „Operational Excellence"

„5 S – Die Erfolgsmethode zur Arbeitsplatzorganisation" von Bert Teeuwen und Christoph Schaller

5 S beinhaltet als Basiselemente Ordnung und Sauberkeit, also das „Good Housekeeping". Die Methode schafft die Grundlage für Operational Excellence. Mit Transparenz und ohne Verschwendung läßt es sich in Fertigung, Service und Verwaltung besser arbeiten. Die 5 S stehen für Sortieren, Systematisieren, Säubern, Standardisieren und Selbstdisziplin. Bert Teeuwen und Christoph Schaller beleuchten alle Aspekte dieser im Lean-Prozess essenziellen Methode. Nicht nur pragmatische sondern auch psychologische Aspekte wie Motivation der Beteiligten oder die Rolle der Führungskräfte im Verbesserungsprozess werden thematisiert.

Die Autoren geben praktische Tipps, wie Arbeitsplätze durch die 5S nachhaltig verschwendungsfrei und transparent werden. Zahlreiche Fotos untermalen die beschriebenen Best Practice Beispiele. Praktische Checklisten am Ende des Buches erleichtern die Umsetzung am eigenen Arbeitsplatz.

Ansbach 2011
ISBN: 9-783940-775-08-5, EUR 29,95

„Total Productive Management. Grundlagen und Einführung von TPM - oder wie Sie Operational Excellence erreichen" von Constantin May und Peter Schimek

Kann man die Produktivität eines Unternehmens um 30% oder gar 50% steigern? Kann es gelingen, die Gesamtanlagen-Effektivität bzw. OEE eines herstellenden Betriebes von 60% auf über 80% nachhaltig zu erhöhen? Ist es möglich Geschäftsprozesse im Sinne des Kunden zeitlich derart zu verkürzen, dass deutlich bessere und schnellere Kundenbetreuung möglich wird? Sind Wertschöpfungs-Steigerungen von 50% und mehr reine Utopie? Kann es gelingen, dass Mitarbeiter sich voll mit den Zielen des Unternehmens identifizieren und mit Stolz und Überzeugung ihr gesamtes Wissen und Können zum Wohle des Unternehmens einsetzen?
Das sind einige der Fragen, auf die dieses praxisorientierte Buch versucht, Antworten zu geben. Ziel ist es, Fach- und Führungskräften sowie Studierenden die Grundlagen des Total Productive Management zu vermitteln und den interessierten Leser mit dem umfangreichen Gedankengut von TPM vertraut zu machen. Nach Abschluss der Lektüre kennt der Leser die grundlegenden und die weiterführenden Bausteine von TPM. Er hat eine Übersicht über die wichtigsten TPM-Werkzeuge und weiß, in welchen Schritten TPM in einem Unternehmen oder einer Organisation eingeführt werden sollte.

2. überarbeitete und ergänzte Auflage, Ansbach 2009
ISBN: 9-783940-775-05-4, EUR 29,95

„Lean Management im öffentlichen Sektor. Bürgernähe steigern, Bürokratie abbauen, Verschwendung beseitigen" von Bert Teeuwen

Kann eine öffentliche Einrichtung wie ein Unternehmen geführt werden, in dem der Kunde König ist? Erobert damit das Konsumdenken den öffentlichen Sektor? Wie kann eine öffentliche Einrichtung ihre „Kunden" schnell, effizient, kostengünstig und zu deren Zufriedenheit bedienen?

In seinem Buch Lean Management im öffentlichen Sektor stellt Bert Teeuwen anhand zahlreicher Praxisbeispiele dar, wie aus „verstaubten" Einrichtungen moderne Service-Center mit zufriedenen Mitarbeitern und Besuchern werden. Er schreibt wertfrei aus der Perspektive des Beobachters und beleuchtet die unterschiedlichen Rollen von Staatsbediensteten, Bürgern und Politikern. Ziel ist es, Lösungen zu finden, die allen gerecht werden: Gesellschaft, Staat und Individuen.

Der Autor gibt viele Tipps, wie durch Einsatz der Lean-Philosophie Durchlaufzeiten im öffentlichen Sektor verkürzt werden.

Ansbach 2012
ISBN: 9-783940-775-09-2, EUR 39,95

„OEE für das Produktionsteam. Das vollständige OEE-Benutzerhandbuch" von Arno Koch

Ihr Maschinenpark ist möglicherweise doppelt so groß, als sie vermuten. Neben jeder Maschine steht nämlich oft noch eine ‚verborgene' Maschine. Die Kunst besteht darin, diese verborgenen Kapazitäten zu erkennen, sichtbar zu machen und zu nutzen. Dieses Buch liefert Ihnen den Schlüssel um die verborgene Maschine zu entdecken:
Overall Equipment Effectiveness (OEE) oder zu Deutsch Gesamtanlageneffektivität (GEFF). Das ursprünglich aus Japan kommende Instrument OEE macht Produktionsverluste sichtbar, sodass diese durch Optimierungsstrategien wie TPM (Total Productive Management), Lean Production oder Six Sigma beseitigt werden können.

2. korrigierte Auflage, Ansbach 2011
ISBN: 9-783940-775-04-7, EUR 39,95

„Moderation und Begleitung kontinuierlicher Verbesserung. Ein Handbuch für KVP-Moderatoren" von Richard Glahn

Was muss ein KVP-Moderator eigentlich können? Er muss KVP-Methoden für das Lösen von Problemen beherrschen. Er muss Workshops vorbereiten, durchführen und nachbereiten können. Oft ist er auch politisch gefordert, sei es bei der Einführung von KVP in einem neuen Unternehmensbereich oder aber wenn es um die Nachweisbarkeit der mit KVP erzielten Erfolge geht. Ganz besonders steht und fällt sein Erfolg jedoch mit der Fähigkeit, sich auf alle Workshopteilnehmer individuell einzustellen und so jeden Einzelnen passend in das Finden und Umsetzen von Verbesserungsmaßnahmen mit einbeziehen zu können. Für alle diese Anforderungen werden in diesem Buch Hilfestellungen geboten.

Mit den Ausführungen wird deutlich, dass Unternehmen nicht nur eine Ansammlung von Güter- und Informationsströmen sind, sondern ebenso soziale Systeme, in denen Änderungen unter professioneller Begleitung und mit Fingerspitzengefühl herbeigeführt werden wollen. Das Buch richtet sich an alle diejenigen, die KVPWorkshops in Büro- und Produktionsbereichen moderieren wollen, aber auch an diejenigen, die vor der Aufgabe stehen, KVP in ihrem Unternehmen oder in einer Tochtergesellschaft einzuführen.

Ansbach 2011
ISBN: 9-783940-775-07-8, EUR 29,95

Ihre Notizen